# 女神として輝くための8章

あなたの女性性が〝幸せ〟の鍵

マザーヒーリング 愛の泉
吉野 聖子

知道出版

あなたがまだ小さい頃に、
「女らしくない！」「女らしくしなさい！」と親から言われたことはありませんか。
そして親から認められるために、それが女らしいことと認識して、
そうなろうと努めたことはありませんか。
または、それにとても反発を感じたことはありませんでしたか。
それでは、「女らしさ」とはなんなのでしょうか。
女らしさには一つの基準があるのでしょうか。
こうでなければ女らしくはない、ということなのでしょうか。

# はじめに

昨今のさまざまな社会現象を見るにつけ、男性の持つ力が勝り、女性の持つ力が発揮されず生かされにくいと感じることがあります。

都議会の場での女性議員への野次の問題もありました。DVやストーカーなどによる悲惨な事件も後を絶ちません。また、家族内の問題が解決しなくて、その先の自分の人生に進めない方が非常に多く、結婚を望んでいてもできなかったり、結婚自体を諦めている方も、私が受けるご相談では多くいらっしゃいます。

そういう方々が真に望んでいることは、「人と心から愛しあう」ことだと思うのです。どうしたらみんなが無理なく愛を交《かわ》し合い、幸せな人生を送ることができるのか、そんなことを私は日々のお仕事や、暮らしの中でも考えてきました。

すべての女性には自分の中に〝女神〟のような〝愛の力〟を持っています。その女神の愛のエネルギーを目覚めさせ、周りの人たちに伝えていくことが、自分自身の幸せのためにも平和な社会を作るためにも、とても大事なことになっていくと私は感じています。

女性は「美しく、明るくある」ことがとても大切です。子育てには、その〝女神の愛〟

の力の中でも、母性的なエネルギーが必要になりますが、現代の女性たちには、それを忘れてしまっている、あるいは眠らせている方が多くいらっしゃいます。

母性とは、心の底から湧き上がってくる、〝慈しみの心〟です。それをどう目覚めさせていくか、ヒーラーとして本書でわかりやすく説明していこうと思います。

女性が女性であることを受け入れ、愛される喜び、そして人を慈しみ育てる喜び、人に自分の愛のエネルギーを流す喜び、それによって周りが満足することを感じる喜び、それらを大いに感じていただきたいと思います。

私は女性の中の、内なる女神性を引き出すお手伝いをするために、今を生きているという実感があります。祖母や母の世代から受け継いできたこと、自分が母として経験したこと、そして、ご相談者様へお答えするために学んだこと、それらに年々磨きがかかり、それと同時にさらに深く学べるようにという導きに沿って進んでいます。

自分を大切にし、家族を愛して、みんなで幸せになる、そんな当たり前なようで意外と難しいテーマを扱っていますが、本書を読み進めていく中で、読者の皆さんに〝女神の気づき〟がありますように願っています。

吉野聖子

# 女神として輝くための8章 ○ 目次

目次

# 第1章

# 女性性の時代がやってきた

## 「女性性《じょせいせい》」とは

「女性性」とは、女性的なエネルギーのことで、女性だけでなく男性の中にもあるものです。ですから、最近よく言われている、〝イクメン〟など男性が女性的に変化しつつあることも、女性性の時代といえるわけです。

女性的なエネルギーとは、一般的に思われている、「おとなしい」「控えめ」「かわいらしい」「美しい」ということの他に、例えば、「待つ」「信じる」「受け入れる」「育む」「見守る」「労《いた》わる」などもそうです。こちらの方が、本当の意味での女性的といえます。

また、「忍耐力」「温かさ」「優しさ」「人のために行動すること」「求められることに応えること」「しなやかな強さ」なども女性的であるといえます。

一般的に皆さんの親御《おやご》さんがいう女らしさとは、口答えをしない、おとなしい態度でいること、素直に「はい」ということを聞く、他には、足を広げたり、肌を露出しない、などだと思います。男の兄弟がいたら、そちらには家事を手伝わせないのに、女の子にだけ、「女なんだから」と言われて手伝いをさせられる、といったこともあるかもしれません。

そういったことに反発を感じながらも従ってきて、または何にも思わずに言うとおりにしてきて、今現在がとても満たされているなら問題はないのですが、もし、あなたの人生のさまざまなところで生きにくさを感じているとしたら、それはあなたらしい女性らしさで生きていない、ということかもしれません。

私が感じているこれからの時代の女性らしさとは、これという基準があるのではなく、その人の自由な感覚に基づき、個性を尊重しつつ、自由に表現する中で溢れ出てくる生命力であるということです。

女性らしさとは生命力そのものですから、女だからこうあるべき、という縛りはありません。あなたが楽で喜びを感じるそのまま、ありのままが、あなたの女性らしさなのです。

イスラエル・受胎告知教会の庭にあるマリア像―青い空と白いマリア像がとても印象的

# 女性としての内面の美しさを追求する

最近の言葉で、「女子力アップ」というものがあります。そのために、美容や適度なダイエット、運動、栄養など、女性的な美しさを追求して、真に美しくなろうとする努力が、最近の若い女性を中心に行われているようです。

それは目に見える部分の美しさですが、そこに付け加えて、目に見えない内面の美しさを追求してみることを、ここで私は提唱します。目に見えるところと見えないところ、そのどちらをも兼ね備えたら、これほど強固なものはありません。

見かけ倒しではない、〝本物の美しさ〟――それは、決して崩れることのない、大地に根ざしたかのようなしっかりとした土台にもなり、その結果、周りの人を包み込み、何もしなくても、そこにいるだけで人の心を癒し、活力を与える存在になれます。

それこそが、これからの、次世代を担う、女性としての生き方、〝女神として生きる〟ということなのです。目に見えるところをよくしていくことは、もちろん大事ですが、それだけですと、何か予想もつかないことが起こった時に、もろくなりやすいのです。

例えば予期せぬ出来事……リストラ、家庭の問題、親の介護、自身や家族の健康問題などが起こった時、表面的に整えてあっただけでは、対応が難しくなります。

女性性の力、その基礎となる生命力を高めておくと、何が起こっても臆することなく柔軟に対応することができ、大難は小難に、小難は無難に治めることができます。これは言い換えると、目に見えるところのみに気持ちを向けるのではなく、見えないところに注目して、それを高めていきましょう、ということです。

これからの時代は、見えないものを感じていくことが何よりも大事だと、私は思うのです。目には見えないけれども感じることでわかるものがあります。ひと言でいえば、〝気〟や〝エネルギー〟のことなのですが、なんとなく良い感じとか、嫌な感じがするというのがあると思います。気が合う、合わないというのもあります。

目に見えるところをよくすることも、もちろん大事なのですが、見えないけれどもあるもの、雰囲気や内面が充実していること、物質からのみでなく心から満足して安定しているることがとても大事になります。それは言葉にしなくても側にいるだけで周りの人を和ませ、喜ばせたりなどして、見えない力で癒します。もちろん自分自身もとても楽に生きることができます。

## これからの時代

これからの時代の新たなテーマは、これまでの、「他者よりも自分が多く持つ」「自分が一番になるための競争」から、「共に生きる」「共に豊かさを享受する」という〝共生〟に移っていきます。物質的な豊かさを追求してきたこれまでから、方向性が大きく転換して、精神的な豊かさへと向かっていくのです。

「競争」とは、人より多くのもの（お金、物、権力）を持とうとすることで、「共生」とは、競争によらず、自分に必要なものを必要なだけ受け取り、余分なものは人に渡していく、助け合っていくというものです。

つまり、自分だけが人よりも多く持つというところから、みんなが同じように豊かになる、というように変わります。ただ、人にはそれぞれ個性がありますし、主義志向がありますので、その個性をより大切にしながら、人と程よく交わっていくのです。そのため、旧来の競争主義では自分を生かすために相手を殺してしまうので、競争をしない、平和を望み大切にする、女性性にシフトしていくことが求められていくのです。

では、人よりも自分が多く持つことのどこがよくないのか、という話になりますが、前に書きましたように、自分が人よりも多く持つためには、限られた資源の中から自分にだけたくさん入ってくるようにと願うことになるわけです。そうすると、たくさん持つことができる人と、その反対に少ししか持てない、あるいはまったく持てない人が出てきます。先進国では食べ物があふれているのに、発展途上国では食べるものがなく、医薬品も足りなくて、多くの子供たちが命を落としています。広い視野で見ていくと、そういった現象が起こります。

そういうことが長く続いていくと、いつの間にかあれだけ大量にあった資源も底をつき、先進国と言われている国々も経済破たんが起こります。こうして、自分さえ多く持てばいい、という考え方は長い目で見ていくと破滅の一途をたどっていくわけです。

自分に必要なものを必要なだけ受け取って、あとは他の人に回していく、という生き方をすれば、バランスが保たれ底をつくことはありません。

では、これからの時代はどうなっていくのか、どうしていけばいいのか、どうすれば子供たちに豊かな資源をそのまま遺してあげられるのか。

それは共有と循環にあります。自分に合った、自分に必要なだけのものを持ち、あとは他の必要なところへ回していく……。

その行為には前述した「待つ」「信じる」「受け入れる」「育む」「見守る」「労わる」などの女性的な生き方が重要になってくるのです。

よく女性って自分が良いと思った情報をシェアしますよね？　そういうことです。どこそこのケーキ屋さんにおいしいケーキがあるよ、というような、自分が教えてもらったらうれしいことを他人にも教えるという相互扶助的な感覚です。

そしてそのステキな情報は人から人へと伝わっていき、良いものはどこまでも伝わっていきます。または、畑でたくさんの野菜が取れたから、煮物がおいしくできたからなどといって、おすそ分けをするような、そんなことがらです。

そして循環ですが、それらの親切な思い、行為は人から人へと渡っていき、それがぐるっと周って地球を一巡してきたかのように、巡り巡って自分の元に戻ってくるのです。

でもそれは、同じケーキ屋さんの情報や、野菜や煮物ではなく、別のものであることに変わるでしょう。それはもしかしたらあなたが望んでいた、ステキな人を紹介してもらうようなご縁とか。今の自分に必要なチャンスです。

それは言い方を換えると、「徳《とく》を積んでいると良いことがある」ともいえます。そうやって時代は真の優しさ、豊かさ、もっと言うと真実の愛の世界へ移行していきます。そこに旧来の男性性による競争・攻撃的な生き方考え方は不要になっていきます。

尾瀬ヶ原の遊歩道側に咲く水芭蕉
2011 年６月の尾瀬ハイキングで

## 共に生きるという生き方

前述しました「共生……共に生きる」ということについて、もう少しお話しさせていただきます。

競争して生きる、人よりも多く持つために競い合う、奪い合うことは、自分だけ、自分たちだけよければいい、ということになると書きました。

「共に生きる」ことで良い点は、周りの人、大切な人が成長すると、それに自分も同調して生きていけば、自分も引き上げられていく、ということなのです。

これを「レベルが上がる」「ステージが上がる」と言います。わかりやすく言えば、内助の功で夫が会社などでステップアップすると、自分と家族のレベルも上がるということです。それをもう少し大きく広い目で見ていくことです。

今、あなたが衣食住に困っていなければ、いったん余分な物欲を横において、社会全体を見てみましょう。その中の一部である自分が世のために何ができるか、と考えてみるのです。決して大変なことではなく、小さな何気《なにげ》ないことでいいのです。

前述した「自分がやってもらってうれしいことを人にもする」ということで、物ではなく、心を伝えられるということです。そして、国や社会全体がまるで一つの家族のようになっていけば、戦争や人を傷つける行為はなくなっていくと思うのです。

余談ですが、一昨年ネパールに行って来ました。最初の予定では、ヒマラヤ山脈を間近に見てみようということでしたが、到着して、山よりも目が行ったのは、人間と家畜が共生しているということでした。それはある意味、とても衝撃でした。

ネパール・ヒマラヤ山脈を眺めながら―カスキコット村をハイキング中に出会った農家の人と子ヤギたち

家畜たち……ヤギやニワトリなどが、とても楽しそうに生きているのです。ハイキング中にある村を通ると、母子と一緒にヤギの親子も歩いていて、私たち旅行者とすれ違った時のこと、その子ヤギがまるで〝笑顔でルンルン〞と鼻歌でも歌っているかのような、そんな幸せに満ち溢れた様子なのです。犬もどこへ行っても首輪もなく、つながれていなくて、かといって車にもひかれることなく、自由にそこら辺りをうろうろしています。それでも何の違和感もないという、不思議で平和な場所でした。

人間から見て、「人間が上で、家畜はそれに従うもの」という考えはそこにはなく、それぞれがそれぞれの役割を担って生きている、そして調和して、どちらも幸せ、といった様子でした。

さらに、その場所、空間のすべてのものがイキイキとしていて、「生きているものすべてが、そのまま、ありのままに生きていて、調和している」というのはこういうことなのだ、ということを目の当たりにして、とても驚き、感動しました。

## 女性の新しい生き方と結婚

女性の生き方は多様化してきています。結婚に関しての意識も変化してきているようです。結婚と子育てだけが女性の人生ではなく、かといって仕事だけかというと、そうでもなく、やりたいことをやる人生になってきています。

例えば、仕事と育児、恋愛と仕事、仕事と趣味（遊び）、結婚と趣味（遊び）など、好きなこと、やりたいことを二つ、あるいは三つほどチョイスしているような、自由な意識を持つということです。

私や私の母世代以前の女性たちは、結婚はして当たり前という考え方、価値観がありました。ですから、多くの女性たちは自分の人生を考える時、まず「結婚しなければ」と、ごく自然に思っていました。そこで、二十二歳くらいから二十四歳くらいまでには結婚しておこうと思い、そこを結婚適齢期と定めます。それまでに相手を見つけ、そして二〜三年位おつきあいをして結婚する、ということを何の疑いもなく当然のことのように思って実行してきました。

その裏側には、「結婚できなければ普通の幸せはない」という思いがありました。今思うとそれは強迫観念にもなって、結婚はしなければならない、と意識として強くあったと思います。結婚できない人はかわいそう、という意識も、実はあったと思います。これは昔々からずっとあった、社会通念のようなもの、いわゆる常識的な考えというものです。

このような脈々と受け継がれてきた常識に、古い世代の私たちは縛られていたのです。親としても娘が結婚できないことは「不幸」であり、「かわいそう」という概念があって、それで結婚を急がすということなのです。でもそれは、かわいそうな娘を持っている自分がかわいそう……という親の本心からなのです。

見方を変えてみると、常識的に「結婚しなければならない」という意識があるがゆえに、年齢的な適齢期は来ても、精神的な適齢期や、意識の上で結婚したいという気持ちが高まっていないために相手選びを誤りやすくなります。いわゆる焦って結婚するというものです。それゆえに、長くつらい忍従の結婚生活にもなりやすいのです。

そういった、誤って相手を決める、ということを避けるために新しい時代に生まれてきた女性たちは、その意識の深いところに、必ずしも結婚しなくてもいい、結婚はしなければならないものではなく、したい時にしたい相手とするもの、としっかりとインプットされているように思います。ですから、もしそれほど結婚したいという気持ちがないのなら、自分のその感覚を信じて、結婚以外の人生をいったん選択してみることもアリではないでしょうか。むしろ、そちらに集中してみることをお勧めします。

今は、昔より結婚適齢期などということはうるさく言われなくなりました。女性の生き方が多様化したからです、社会でバリバリ働く女性が増えました。働く楽しさを知り、自分の自由な生き方を楽しんでいるので、急いで結婚しなくてもいいと思う女性が増えてきているのです。

ですから今は、子供を産むリミットが近づいた時が適齢期なのかもしれません。早く結婚して妊娠出産して、子育てが落ち着いてから社会進出をする生き方もよし、若いうちにキャリアを積んで、自分の地位を確固たるものにしてから結婚するもよし、また結婚を選ばなくてもよし、どんな生き方をするかは、自分次第なのです。

「結婚はしなければならない」ことはありません。したかったらする、したくなかったらしない、でいいのです。

「しなければならない」で結婚すると、本来の自分の生き方ができにくくなります。あなたの人生の喜びが得られにくいでしょう。したいからする、その時期まで無理したり焦ったりしない。親からの期待と結婚はしなければならないもの、という意識を完全に手放すことがとても大事だと思います。

これまでのご相談で多いのが、それほど結婚したそうに私には感じられない、でも結婚したい、けれどできない……というものがあります。

本当に結婚したければ、ご相談には来ないのではないかと思うのですが、彼女たちの本心は、「結婚したくないけれど、親がしろというから、しないと親不孝な気がして、それでしたい」のだと思います。また、周りがどんどん結婚していき、周りに話が合う人がいなくなる、また遊び相手がいなくなるということもあります。

このような方々で一番困るのが、仕事も趣味も遊びも恋愛もすべて中途半端、ということです。前述したように、人はみな、思いっきり今しかできないことを楽しむことが大事なのです。それができたら、結婚も、真に満足できる相手とすることができ、幸せになることができるでしょう。

大事なことは、自分の人生を大切に生きるということで、誰かの言うことに影響されるものではなく、自分で納得して決めることです。勇気を持って、あなたのオリジナルな人生を生きてほしいと思います。

そして今の二十代、三十代ですが、私から見ると、かなり自由に（無意識の思うように）

なってきています。それはまず、結婚を選ばない人が増えてきていることからもわかります。それでも、子供はほしいと思う人もいて、それで結婚して子供を産み、すぐに離婚する人が多いのです。

これは無意識ではありますが、最初から出産を意図している可能性があります。そして女性たちは自由と愛しい子供を得ます。まさに従来の「女性的忍従の人生」からいち早く逃れるということになります。子供のためにと、嫌な嫁ぎ先、夫に耐え、自分の人生をつらく苦しいものにすることを選ばないということです。そして生活力があれば、子供と共に自由で気楽な生き方をしていくのです。

またもう一方では、男性側のコミュニケーション能力の低下を指摘することができます。いえ、男性が女性に対してのコミュニケーションが得意でないのは、昔からなのかもしれません。そのような場合、昔は世話人や仲人という人がいて、うまい具合に薦めて、そうやって多くの人たちは結婚することができました。そんなことが何世代も続いてきて、そこに今の若者たち……新しい、進化した魂が大挙して生まれてきた結果、無理をせず、自分に正直に生きることを目的にしているため、女性はもちろん、男性の方もどうしても結婚しなければならないという強迫観念から離れるようになりました。

もし、今の若い人たちが結婚制度に疑問を持ち、変革させることが目的であるなら、今後はどうなっていくのでしょうか。

親世代は、「結婚しなければならない、子供は早いうちに産んだ方がいい」という従来の考え方を外す必要があります。そして若い世代の人たちは、親がどう思うか、世間的にどうかをいったん忘れて、「自分はどう生きたいのか」をよく考えてみる必要があります。そして、一番やりたいことからやっていけばいいのだと思います。

仕事や遊びに集中して、子供を産めるリミットが来るまで、思う存分やってみるのです。そしてその時が来たら、さて、どうすればいいのかを選べばいいのです。

大事なことは、なによりも自分を喜ばせることです。思う存分思い残すことなく、自分の女性としての人生の花の時代を生きるのです。誰かにどう思われようが、そんなことは気にせずに、誰かのために自分のやりたいことを諦めることはありません。

この「十分にやりつくす」ということがとても重要な鍵です。結果がうまくいったかどうかではありません。

以前、〝勝ち組・負け組〟ということが言われていましたが、結婚して子供がいて、裕福な暮らしをしているのが女性の人生において〝勝ち組〟とは言い切れません。また、結婚をせずに、その当てもまったくなくて、仕事もそれほど充実しているわけではないとしても、それでも決して〝負け組〟などではありません。

その状況とは、いわゆる人生の途中経過です。その先につながっていく、ただの途中の立ち位置です。大事なことはそれまでの人生で何を学んでいるか、どれだけ経験して自分の血や肉になっているかなのです。

「一人で生きることはやはり物足りない、自分がそばにいることで誰か喜ぶ人がいたらいいかな」と心から思えたら、その時にこそ結婚をすればいいのです。相手が……と思うかもしれませんが、十分にやりつくした後には、あなたにふさわしい相手が現れます。もうこれ以上やるべきことはないくらいにやり尽くすと、次の人生の扉が開くからです。そして、まったく新しいステージが目の前に現れるのです。

ですから、そのくらい今の自分の選んだステージを生き切ってください。

## 女性の産む性

母や祖母の時代は、「女は早いうちに結婚して、子供を産んで育てるもの」「家や夫、子供のために一生を捧げるもの」という価値観がありました。

この女性観を少し深く考えてみましょう。

まず、どうして早く結婚した方がいいのでしょうか？

それは子供を産むには若い方がいいからです。子供を二、三人（昔だったら三～五人）くらい産むには、できるだけ早く結婚した方が良いに越したことはありません。そのためには、仕事や自分の人生を楽しむなどということをしていたら、婚期が遅れて子供を産めなくなってしまいます。そうすると困るのは誰でしょう？

それは、実は本人たちではなく、家であり、祖父母の世代になります。とにかく家の繁栄、継続が大事な目的で、嫁、女性はそのための、ある意味では道具なのです。女性の〝産む性〟はこうして家のために利用されてきたということがあったのです。

娘時代を終えて、一人の女性として生きるという再スタート地点で、自由な選択肢がなく、嫁に行くことが当たり前だった時代の女性たちは、自分の夢、願望をあきらめざるを得ませんでした。もし仕事をしていたとしても、心からの喜びでやっていたのではなく、生活のためであったり、世間体のためだったりもしました。つまり肝心の女性自身の心からの喜びに基づいて生きることはできにくかったのです。それは言い換えると、真の女性性が虐げられていたということになるのです。

今現在、これらの因習は見直され、移行期になっており、祖母↓母↓娘と世代が続いていく中で、変化が起きてきています。

祖母の時代は完全に「忍従」でありましたが、母の時代は少し緩んできていて、教育や職業の選択は自由にはなってきていました。でも根底はあまり変わっていません。結婚して子供を産んで良い妻、良い母になること、これはまるで呪縛のように心の奥底にインプットされていて、結婚しなければ、良い妻や母にならなければ、人と違うという目で見られることに怯《おび》えがあったのです。

このことは深い意識の中に入っていて、自覚がないかもしれませんが、祖母、母経由で連鎖して入ってきているものです。もし意味もなく結婚に対する不安、抵抗があれば、そのことを意識してみてください。「私が結婚に対してすんなりとその気になれないのは、母経由で受け継がれてきている呪縛のせい」なのかもしれない、と。

# 第2章

# 女神として
# 生きることを目指す

## 女神性とは

女神性とは、もともと女性の中にあった神聖な意識です。女性の体の中の子宮というところは、スピリチュアルな見方をすると、神や宇宙とつながりを持っています。子供ができるプロセス、科学的には精子と卵子が出会って受精して……となりますが、霊的には神様から許可を得て、子供を授かるということです。ですから、自分の子供でありながら、実は神の子でもあります。

そして宇宙、地球、社会全体の子です。そういう神聖な臓器を女性は持っています。そこが、男性にはまねのできない女性の偉大さなわけです。だって、まったく何もないところに生命を一人宿し、産み出すのですから。魔法のような技です。

そしてまた、女性には持って生まれた霊能力、インスピレーションがあります。それは見えるとか聴こえるとかいうものではなく、なんとなくそう感じる、思う、というものです。大切な人を護り、育むことをするので、危険をいち早く察知する必要があります。それはやはり子宮という臓器があるが故です。子供を宿すお宮です。

また、大切な人、家族がなにか病気などの危機に陥っている時、あるいは受験などでいい結果を願う時、神社やお寺に行き、またはお仏壇に、祈って願をかけるということをするかもしれません。実は女性はそういう祈って誰かを守る、ということが得意なのです。女性の中にはもともと神聖な意識があり、神や仏を信じる心が強くあり、またその想いが神に届きやすいというものもあります。

願いを叶える場合、もちろん現実的に行動するなどの努力は必要ですが、「祈る」ということもとても重要なことです。こんなことを言うと古いと思われるかもしれませんが、「祈り」という行為は、改めて見直していくことが大切だと思っています。

熊野那智大社から見た那智の滝の遠景
左横にある桜の木が印象的

## 忘れていた女神性を思い出す

これまでいろいろとご相談を受けながら、ある共通した意識を持つ女性が多くいることがわかりました。

それは「人の役に立ちたい、社会に貢献したい、人から頼られたい、必要とされたい、困っている人を支えたい、みんなと愛を分かち合いたい、みんなで幸せになりたい」などです。いかがですか。あなたにも、こういった意識はありますか？

こういう意識こそが女神性を象徴しているのです。

原始から女性には〝神性〟があるといわれていました。女性の持つ神性とは、神秘性、美しさ、優しさ、柔らかさ、温かさであり、直感に優れ、さまざまなものを見通す力と、人を包み癒すエネルギーを持つ女性特有の〝女神性〟ともいわれるものです。

その神性を目覚めさせる時代がやってきた、と私は感じています。女神性を思い出し、引き出そうとする機運が高まってきたとも言えるでしょう。

昨今の社会現象を見聞きするにつけ、その変化は著しいものがあると感じています。また、女性アスリートの活躍や女優・ミュージシャン・タレント・モデル・芸人さんたちの仕事も結婚も子育ても、そして自分流のビジネスも、という新しい生き方を見ると、彼女たちは新しい女性の生き方の先駆者ですから、まさに機が熟したともいえるでしょう。

持っている女性性……それは命そのものですが、それを輝かせて行く先に、あなただけの他の人にはない個性的な神性がきっと現れるはずです。

女性の人生において恋愛・結婚・妊娠・出産は大切な出来事ですが、またそれを選択しない人生であっても、「女神として生きる」ことは大きな意味を持つと私は考えています。

いい奥さんになる、良いお母さんになる、しっかりしたキャリアを持つ女性になる、など具体的な何かになる、という目的ではなく、〝女神のような存在である自分になる〟ということは、今のあなたには想像がつかないかもしれませんが、それは本当の自分、本当になりたかった自分になることなのです。

# 女神性の封印を解く

これは少しスピリチュアルなお話になりますが、女性は昔、または過去世（前世）では女性の持つ性が、男性や家制度、社会によって虐げられてきました。魂にはその時の記憶が残っていて、それが今の人生にあっても大きな影響を及ぼしています。

実際、娼婦の過去世が、お会いした多くの女性の魂の記憶に残っています。または、上流階級の家に生まれ育ち、自分で自由に仕事や結婚相手を決められなかったという過去性もよく見受けられます。

本来女性は、好きな人と結ばれることを喜びにしていますので、そうではない相手と共に生き、自分の持つ神性をその相手のために捧げることは、もっともつらいことなのです。ちなみに、女性が喜びとする基本的なものは、好きな人に求められること、好きな人の唯一無二の存在であると認められること、好きな人の子供を産むこと、好きな人から大切にされること、好きな人が幸せになることなどです。

これらの喜びを奪われることは、命の輝きを失い、ただただ支配する人の言うことを忠実に聞くだけの奴隷になってしまいます。そしてそれは、自らの喜びの元に直感を働かせて、周りの大切な人を守り、育み、慈しむという力が発揮できないことになります。ですから、女性の持つ神性を引き出すためには、自らの喜びとなることを選ぶことが重要なのです。

この点に関して、実際のご相談であったことをご紹介しましょう。

ご夫婦関係の問題で、夫が給料のすべてをギャンブルなどに使いこんでいて、生活費を家に入れないという奥様がいらっしゃいました。

その原因を探っていくと、夫の放蕩ではなく、奥様の過去世にあるということがわかります。それは「娼婦の過去世」なのです。

この娼婦の過去世は、意外と多くの女性に見られます。娼婦とは、日本でいうと「遊女」のことです。遊女は自分から相手を選べません。相手が選んでくれるのを待つのです。ですので、男性から好かれ強く求められると、それだけで「この人でいいだろう」と決めてしまいます。自分が相手のことを本当に愛しているのかは、よくわからないのです。

このような感覚で結婚してしまいますので、実際に生活が始まると、夫が自分勝手なことをすると、本当はとても嫌なのに「許さなければならない」とか、「我慢しなければならない」と思い込んでしまうのです。すると夫の方は、どんどんエスカレートして、まったく妻の気持ちを考えず傍若無人になっていきます。

こんな場合には、過去世の遊女の時の様子や心情と、今の状況や気持ちとの共通点をお伝えして、「そういうことだったのか」と気づかれることで、まるで夢から覚めたように、楽にその夫との関係が改善されていくことが多いのです。

中高生の時などに経験したと思いますが、女子の間でだれが何人もの男性から好かれるか、人気があるかが大事だという価値観で成り立っているという関係性です。自分に好きな人ができ、その人からも好かれるということが本当は喜びなのに、みんなが憧れる男性から自分が好かれるということがいいこと、という価値観です。あくまでも他者からどう見られるか、ということに基づいています。これはまさに、遊女の集団的な心理なのです。

また、同じ娼婦の過去世を持つ方でも、こんなタイプもあります。

似たようなタイプの男性と縁があり、出会いと別れを繰り返します。その度に、パワーハラスメントや暴力的な行為をお相手の男性から受けてしまいます。

その女性が好きになる男性には、ある共通点があります。それは、しっかりとした社会人でありながらも、純粋でナイーブで守ってあげたくなるタイプの男性ですが、その裏には相反するとても重く暗い内面を抱えていて、怒りや不満の吐き出す場所がなく、とても苦しんでいる男性です。その場合、その女性は自分の女性性と、女神性を使って、男性の心の深い闇を癒すために、側に寄り添い、慰めることを献身的に行います。それにより少しずつでも改善されていくのならいいのですが、むしろどんどん横柄な態度となり、言葉の暴力も出てきて、お付き合いすることに苦しみが増していくようになります。その結果、その女性の持つ、愛と美と性的なエネルギーが消耗され、生命エネルギーまでもが奪われていくことになります。

自分がひどく我慢をしてまで相手に尽くすことは、自分をないがしろにして痛めつけることであり、それを「自己犠牲」といいます。「自己犠牲」とは、こちらからあちらへ一方通行に生命エネルギーを渡すことであり、一切のフィードバックがないどころか、やってもやってもまだ足りないと際限なく責められ、ただ傷つき病んでいくことになります。

このケースの場合は、自分の特性に気づくことが鍵です。それは、相手の良いところに焦点を当て、相手に恥をかかせず、気づかせずに暗い闇の部分を吸い取るようにして癒すという、本来ならとても素晴らしい女性としての「思いやり」を止めることです。

それをやめて、自分のありのままを表現するのです。豊かな愛と思いやりを、別の分野、音楽や絵、踊り、執筆といった創造性を発揮できる芸術方面に生かすのです。

相手の闇をただ見守り、「かわいそう」という感情を抑え、相手が自分でするように任せるのです。すると相手の男性は、それまでいかに女性に頼って慰められていたかに気づきます。その気づきこそが大切なのです。それをそっと離れたところから見守るのです。


また、こんなケースもあります。

現在でも裕福な家のお嬢さんですが、過去世でも大きなお家のお嬢さんでした。良家の子女ですので、体面があります。特に結婚相手は家に釣り合った、同じかそれ以上の良家の子弟であることが重要です。ですから、小さな時から乱れた服装や行動を厳しく制限されます。女の子らしいかわいらしいものよりも、きちんとしたもので、手足や胸をあまり出さないものを着せられます。部活動や趣味や進路も、厳選されます。

ここからここまでというように制限された中で進路を決めて大人になると、本当の自分の意思がわからないままで大人になりますから、人生で大事なことを決める時にきちんと判断ができません。このことが過去世だけでなく、今回の人生でも共通していました。

これは特に、本当は自分のやりたいことがはっきりしている人に多く見られます。こんな環境の中、親からの自立を果たし、自分のやりたい方向に行くという課題を持っています。

この三つのケースで共通するのは、最初に、本当に生きたい人生とは真逆な人生を歩み、そこから真の自分の道を見つけ歩む、という学びをするということです。その際に持っている女神性が開花していきます。抱え持っていた負を自らの意思で手放すことで、大きな壁を突破することができるようです。

さまざまな縛りを解き放ち、自らの意志で自由に生きることができたら、目の前が明るくなり、生きることがとても楽になるでしょう。

## 女神としての能力を引き出すために

いわゆる霊能力というものは、一般的には「視える」「聴こえる」ということと思われていますが、私は、これからの時代に合った女神としての能力に、「視える」「聴こえる」ことはそれほど必要のないものと思っています。それではどんな能力が必要なのかというと、それは「感じる」という能力です。共感性とも言います。

相手の心が「なんとなくこう思っているのかな？」と感じられるということは、多くの方にあるものだと思います。それを共感力、〝エンパシー〟と言い、この能力が高いタイプの人のことを「エンパス」と言います。

心や体全体で感じ取ること、物事を見通す、感じることで、本質を見透かすようなタイプで、物事を個別に分化して見るのではなく、全体を見て、エネルギーとして感じる、わかる能力です。また、さまざまな経験も霊能力を高めるために有効であると思います。それは直感を磨くことになるからです。

そして、その能力を引き出していくためにとても大切なことがあります。それは、頭で考えすぎないということです。物事を決める時に頭で考えすぎると、自分が本当にどうしたいのかがわからなくなります。理性や知識に振り回されて、魂の声が聞こえなくなるのです。ですから、これからは頭で考えないで心で感じるということをしていきましょう。

「考える」という行為は、どうしても自分の損になるか得になるかを基準にしがちですが、「感じる」ことは魂の声を素直に聞いて、自分を大切にすることはもちろん、他人をも大切にすることにつながります。自分にとって大切な心や体全体を使って感じるからです。

けれども一方では、共感性が強くて日常生活に支障が出る女性は多くなっています。特に私のところにはそういう方が多くいらっしゃいます。

先に書きました「エンパス」というタイプなのですが、このタイプの方は、自分では特に意識しなくても人の気持ちを推察します。そして、その人が苦しまないように、喜ぶように、楽になるようにと自分なりの好意を持って人に接しようとします。

それは相手の人が自分でも気づかないところまでを推察するので、それがぴったり合う場合はとても喜ばれますし、重宝されます。でも、相手が自分勝手で、人を利用してまで自分の思うようにしようとしている人の場合は、往々にして問題が起こります。良かれと思って親切心で行ったことが仇《あだ》になるような感じです。

また、特に困っている人の多くは藁をもつかむ気持ちでいますから、人の気持ちを推察して良かれと思って動く人は、困っている人、いわゆるかわいそうな人を見ると、それだけでその人の負のエネルギーを吸い取ってしまいます。ですから極端な例では、何もしなくても疲れてしまう、ということもあります。特に雑踏や多く人が集まるところがどうも苦手という人は、これが原因でもあります。

この場合はかわいそうな人を見た時に同情をしない、批判もしない、ということを心掛けてみてください。そしてまずは自分の疲れを取ることに集中してみてください。人のことを優先して、自分のことがおろそかになっていますから、自分が本当に喜ぶことを見つけて、それをやってみてください。

私はよくセッションで、「イエスかノーをはっきりさせてください」と言っていますが、嫌なのに仕方なくやっていることをやめて、好きなことをやるようにすることを少しずつ実践していくことで、それまでの人生とはまるっきり逆の、とても楽で平和な日常が訪れます。それが女神として生きるための第一歩なのです。

# 女神として生きるための大切なステップ

## ステップ１　「～しなければならない」という気持ちで行動しない

例えば、家族や友人などに何かを頼まれたり、誘われたりしたとき、それに対して気が進まなくても、自分を納得させる理由を考えてしぶしぶ応じる、ということはありませんか？　そんな場合、大抵は、やっている最中や、やり終わったとき、なんとなくむなしく感じたり、やらなければよかったと後悔したりするかもしれません。本当は嫌なのに断ったら悪いからと、頑張った割には思うような結果にならないことがあるかと思います。

つまりこれは、決して良いことではなく、自分の心に背いたことになるのです。そんなことの積み重ねが溜まりに溜まっていくと、自分の本意とは裏腹の方向に向かっていくことになり、最終的には「こんなはずじゃなかった」ということになります。人の思惑によって生きてきたことになるからです。

自分の真意に基づいて行動すれば、それは想像している以上の素晴らしい生き方ができるようになります。つまり、これからは、「イエス」と「ノー」をはっきりさせて行動していくのです。どんな小さなことでも、むしろ小さなことから始めていくのです。

## ステップ2　人の人生に過剰に関わらない

それは夫婦、親子であってもです。人にはそれぞれ、人生のテーマがあります。それは本人にしかわからないことで、自分で試行錯誤してやっていくしかありません。どんなに苦労をしても、またこの先苦労をするとわかっていても、それを止めることはできません。むしろ苦労をすることでしかわからないことがあり、それはしなければならないということでもないので、体験することと言い換えます）、実のある経験が増え、智恵も豊富になります。

人のことが心配になるときは、それは自分が寂しかったり、物足りないと感じているときですので、そんなときには自分に関心を持ち、自分の好きなことを探してやってみることです。自分の内面を豊かにすれば、周りの人も優しくなっていくから不思議です。

## ステップ3　ありのままの自分を認めて、受け入れる

誰でも自分の欠点はよく気がつくものです。反対に良いところには意外と気づきにくいものです。もっと勉強ができたら、もっと美しかったら、もっと若かったら……などと自分のできないこと、足りないところを思い嘆きます。

そうではなく、どんなところもすべて大切な自分、これまで生きてきたのも精いっぱい

頑張った結果と思って、一度それを丸ごと引き受ける、というイメージをしてみてください。自分というものをまぁるく丸めて、それを両手で抱きしめてみます。

「よしよし、よく頑張ってきたね」

そして、「このままでいい、このままの私が大好き」と言ってみてください。この顔、この体、この能力……それはあなたが、あなたの人生をパーフェクトに生き切るために、自分自身が選んだものなのですから。だから良いも悪いもない、そのままでいいのです。

このように一度すべてを肯定できると、そこからあなたの新しい成長が始まります。

## ステップ4　自分の過去を肯定する

「人生で起こることはすべて必然」です。

物事に良いも悪いもなく、すべてのことは必然だから、それを体験する必要があるからそうしているだけです。あなたの人生は失敗でもなんでもなく、必要な体験をしてきているだけなのです。

大事なことはそこから何を学んだか、なのです。どうしても出来事を、良い悪いで判断しがちですが、悪く捉えることは自分をかわいそうな被害者にしてしまうことになり、そう思っている限りは、ずっと一生かわいそうな自分のままで生きることになるのです。かわいそうな自分にしたくなければ、これまでのすべてのことは必要で起こっていること、むしろ祝福されているのだと思ってみてください。

## ステップ5　人生において形ある成功を成し遂げなくてもいい

つまりこれは、「何かになろうとしなくてもいい」ということです。何かになるために頑張るのではなく、自分の喜びのために生きていくだけなのです。だから何をしてもいいし、何にもならなくてもいいのです。

良い学校を出なくても、良い会社に入らなくても、出世をしなくても、立派な家を持たなくても、お金をたくさん稼がなくても、いわゆるそういう世間一般でいう幸せの形にこだわらなくてもいいということです。

住む家があって、日々の食べ物に困らず、大好きな人に囲まれ、好きなことができ、健康でそこそこ長生きして……それができていれば、あとは何をしても、どこにいてもいいのです。

分不相応なものを持とうとすると過剰に頑張ることになり、どこかや何かに無理が来ます。そして自分の真意とどんどんかけ離れていきます。

　そうやってたとえ何かを手に入れたとしても、心が満たされることはなく、もっともっとと、また走り続けていくことでしょう。そうやって走り続けて行ったその先で、手にしたものを見たときに、「なんだ、こんなものだったのか」、と思うかもしれません。

## ステップ6　人から求められるまで待つ

　いわゆる「親切の押し売りをしない」ということです。

　女神ですから、神のような存在になるわけです。いざという時、ここぞという時、「ああ、この人に相談したい」「この人に手伝ってほしい」「この人の顔が見たい」と、そう思われるような人が女神なわけですから、自分からちょこちょこと動き回らないことです。

　女性の究極の喜びとは、大好きな人に求められることですから、自分を磨いて、いつも機嫌よくして、そうやって相手を、周りを信じて、辛抱強く〝時機〟を待つのです。そうすることで周りが育っていきます。

　自分で自分の人生の宿題をやるわけですから、うまくできなくてもどちらでも、その人はひと回りもふた回りも成長して頼もしくなり、あなたを助ける人に成長するでしょう。

## ステップ7　自分の手柄にせずに人に手柄を渡す

これが意外と難しいものです。何でも自分でやってしまった方が早いので、人のやるのを待っていることは、かなりの忍耐が伴います。ある程度自分ができてしまうことは、いつまでもそれを自分だけができることにせず、どんどん人に任せていくことです。

この行き過ぎたケースは、周りが何もしないから、できないから、何でも自分のところに回ってきて、自分だけが大変な思いをする、割に合わない、ということです。

仕事は独り占めせず、周りの人に活躍の場を与える意味でも、どんどん手放して渡していきましょう。

ステップ6と同じで、周りが成長すれば、自分がどんどん楽になります。そして自分が大変な時に手伝ってくれるようになります。その結果、一人でやっているときよりも、うまく、早くできるようになります。

# 第3章

# 母性愛を目覚めさせていく

## 結婚できない女性たち

私はこれまで、結婚したいけどできない、どうすればいいかわからない、という多くのご相談者様にお会いしてきました。そのつど共に向き合い、解決策を探って、また日々探究もしてきて現在に至っています。

その原因の一つとして、「自己愛が強い」というものがあります。シンデレラ願望とでも言いますか、ステキな王子様がいつかきっと私を見つけてくれて、求愛してくれて、幸せにしてくれる、またはそんな人が現れないかな、現れたらいいな、という願いを持っています。

この自己愛が強い（自分を価値のある存在だと過剰に思うこと）とはどういうことかというと、根底に強い劣等感があり、それをかばうために自分を過大評価して、実際よりも大きく見せようとすることです。

パートナーを見つける時にもこのことは大きく関係してきます。劣等感を解消するために、自分が苦しまずに楽して優越感を持てる相手を選ぼうとするからです。容姿に劣等感があれば、容姿のいい人を、学歴に劣等感があれば学歴を、経済性に劣等感があればお金持ちを、という具合に身の丈に合わない人を見つけようとします。

当然の結果として、それに合う相手が見つからない、見つかっても自分を選んでくれないということになるのです。

ですから、そんなあなたに訴えたいのは、そういう自己愛……自分を満たすためだけの未熟な愛ではなく、人を癒し、包み込み、成長もさせる〝母性愛〟を目覚めさせてみましょうという提案です。

つまりもっと思い切って書きますと、結婚に対し、非現実的な夢を抱いたままでいないで、もっと現実的に、どうやったら現実のものとしてのパートナーを得るか、というところに意識を向けてみましょう、と言いたいのです。そうでないと、いつまで経っても結婚は現実のものとならず、夢物語になってしまいます。

また、もう一つ、結婚したいのにできないことの原因として、こんなこともあります。それは意外に思われるかもしれませんが、心の底から結婚したいと思っていないということです。

自分のために、自分が幸せになるために結婚したいと思わないと、結婚相手に巡り合えないことが多いのです。つまり、親が結婚しろと言うから、親を喜ばせたいから、みんな

シャスタ・モスブレーの滝―たくさんのオーブが写るのは、この滝に棲む水辺の精霊、妖精たち？

が結婚するから、そしてこれは深い意識にあるもので、結婚は必ずしなければならないから、という理由で結婚をしようとするものです。

多くの女性の無意識に根深く存在している、この「結婚しなければならない」という強迫観念がある一方、純粋な自分の無意識がそれに反発している状態です。そして、その葛藤にあなたの表層意識は気づいていない、ということがあるのです。

# 母性愛について

これからの女性は、結婚していてもいなくても、子供がいてもいなくても、とにかく〝母性愛〟を意識して、それを発揮していくべきだとご提案したいのです。

それは「母性愛に目覚める」ということです。母性愛はだれでも子供を産めば自然と芽生えるものですが、しかし個人差はあり、あまりそうならない人も中にはいるでしょう。

恋愛や結婚、また妊娠、出産を望んでいる方も、出産の体験がなくても、まずあなたの中にある母性愛に目覚めて、それを発揮し、周りの人に接すること。そうすると、男性たちも癒され、平和になるという図式が誕生します。

出産の経験がなくても、女性には子宮という臓器があります。それは女性の心と連動していて、子宮という人間を宿し、育む性質が、人への深い思いやりにつながります。若く健康な女性であれば、月に一度の月経を迎えますが、その数日を自分の女性性を意識して、労《いた》わる日にしてみてはどうでしょうか。

うっとおしく煩《わずら》わしいものと思いがちですが、それがあってこそ子供を宿し、育て、産むという素晴らしいお仕事ができるものだからです。

「ああ、よかったな〜」と少しでもいいので思ってみてください。きっと優しく誇らしい気持ちになると思います。

今、一般に私たちが「母性愛」と思っているのは、本来の意味から外れ、歪んでいるように思われます。元々の母性愛というのは、全ての生あるものを受け入れ、育む性質であり、そこに自分の都合、条件は伴わないものです。究極、この条件には自分が産んでいる、いないに関わらず、ということです。

昔は今よりも、もっと隣近所との交流が多くなされていましたから、自分の子供も他の人にみてもらっていたし、自分も他所の子供に目をかけ、手を掛けてあげる機会が多くありました。そしてそれが自然になされていました。

核家族化が進み、女性の社会進出が進んだこともあり、また、都会に人口が集中し、それぞれが別の故郷から来ているために、近所との交流も希薄になっている現状があるからなのです。

そんなさまざまな理由から、母性愛は主に自分が産んだ子供だけに向かって使われています。女性が生涯に産む子供の数はどんどん減っていき、せいぜい二人か三人になり、一人っ子も多いのが現状です。そのため、子供一人に対して目が行き届きやすくあります。

そこに世代間の連鎖の影響が入って来ていて、条件付きがさらに深く浸透しています。

女性、一人ひとりの魂は純粋で、子供を含むみんなに、自分の愛を使いたいと思っています。つまり、愛し愛されるということを楽しみたいと思っているということです。ただし、さまざまな理由から、どうしても、自分が楽に愛せるようにと相手をコントロールしがちなのです。

パートナーはそういう観点（いかに楽にコントロールできるか）から探し、選ぶことができますが、授かりものである子供はそうはいきません。自分の理想にぴったり合う子供が生まれて来るとは限らないのです。だから、子供へのコントロールは、それは激しいものがあります。

まず、子供を自分が愛しやすいようにして、それから与えたいものを与え、喜ばせたい、という屈折した愛を行使してしまいます。大人しい子、言うことをよく聞く子、何も言わなくても親の気持ちを察して、良い子になろうとする子、活発でリーダーである子、勉強がよくできる子、運動ができる子……。子供には選択肢を与えません。自分が楽に与えることができる愛……つまり自分が満足できる愛を子供に与え、感謝までしてほしいという願い、そういう自己満足の愛になっています。これが条件付きの愛です。「〇〇でなければ愛さない」という条件。

また、自分が持っている、人に渡せる愛に限りがあると思っていることです。それは出すとなくなってしまうと、まるで愛をもののように感じているのです。それがどのように現れるかというと、「あれだけのことをしてあげたのに、誰も何もしてくれない」という考えです。

どうしてそのように思うかというと、愛をエネルギーとしてではなく、物質として見ているからです。そして経済的観念から、先のことを考え、何とかしておこうと自分の老後への備蓄という意味で人に尽くし、後々の自分のために計画的に考えてしまうのです。よく聞くのは、親が自分が年を取ってから世話になるために頑張って子供を育てた、というものです。本音のところに「自分のために」があるから、結果として戻ってこなくなり、虚しいものになるので、最初からそこに目的をおかない方がよいのです。自分のしたことが正しければ、巡り巡って何かの形で戻ってくるかもしれないくらいの気持ちで、できるだけ無欲で、そして人のお世話をすることを純粋に楽しんで、「愛」を発揮すればよいのです。

本来の母性愛は、比較や競争という観念からは遠く、また条件が付かないものであるのです。その人本来の歩みに応じて、黙って、そっと必要な時にだけ手を差し出す、そういうものなのです。そして、たとえその時には本人に気づいてもらえず、感謝されなくてもいいのです。

母性愛はすべてを包み込む包容力です。もっとこうなればいいのに、こうであればいいのに、という条件をつけない、相手を自分の思うようにコントロールしない、相手のそのまま、ありのままを受け入れることです。そうすることで誰のことも、その人がどんな状況でも愛することができます。

## 子供を産みたいという意識……性欲について

男性にとっての性的な欲求につながっている意識は、「より多く自分の血筋を受け継ぐ子孫を残したい」という本能的なものです。だから、極端な言い方をすると、一人だけでない、複数の女性を求め、愛することができます。

対して女性の方はと言いますと、「子供を産みたい」という意識が、性的な欲求につながります。つまり女性にとって子供を産みたいがゆえの性欲であり、そのために安心して産み育てることができる結婚を望むのです。そこが男性と女性の違いでもあります。

ですから、女性にとって子供を産むということは本能に基づいたことであり、その欲求を叶えることが、女性として輝く、そして安心感を持って幸せになる基本的なことなのです。

確かに仕事のキャリアを築くことも、現代社会では幸せを感じる方法ではありますが、女性の体にある、子宮と卵巣を使って達成する妊娠出産は、女性の人生における一大イベントであり、生物的本能にそった自然な行為であると言えると思います。

また、ある意味では、自分の肉体によって〝無から有を生じる〟、まるで魔法のようなものとも言えます。

子宮には一つの独立した意識……愛する人の子供を宿し、産みたいという欲求があります。その意識を無視することは、女性である自分を無視することであり、大切にしないことでもあります。

沖縄・久高島―沖縄本島からフェリーボートで20分、琉球の創世神アマミキヨが降臨し国を造ったという琉球神話の聖地の島

性欲とは、こうして考えてみると、決していやらしいものではなく、人間としてとても自然なことで、体から欲することに素直に従ってみることが、恋愛や結婚、妊娠を望む方には大切なことだと思います。

## 第二チャクラ・子宮を活性化させる

チャクラとは、普通の人には目に見えませんが、私たちの心身の健康を保ち、活性化させるエネルギーセンターと呼ばれる器官として、太古の昔より知られていました。サンスクリット語で「車輪」という意味があり、七つのチャクラにはそれぞれ色もあります。目に見える体、それを構成している内臓や骨、筋肉、血液ももちろん大事ですが、それと同じくらい体にとって大事なエネルギーを司っています。

第二チャクラはおへその少し下あたりにあり、女性の生殖器にも関係しています。活性化する方法はいくつかありますが、常に他のチャクラとのバランスがとれていることが必要となります。

両方の手のひらをおへその下あたりにしばらく当て、その後ゆっくりと時計回りに撫でる動作を繰り返します。そして、その際に深い腹式呼吸をしてみてください。

また、体温よりも少し高めのお湯を洗面器かバケツに張り、そのお湯の中にアロマオイルを数滴垂らし、両足を十五分くらい浸けるのも有効です。お風呂に入れてもいいでしょう。私が使ってみてよかったオイル名をお教えしますと、「クラリセージ」「イランイラン」

「ゼラニウム」「ラベンダー」です。

これら四つを同時に混ぜて使うと、とても甘い良い香りになり、幸福感で満たされます。お腹に直接塗ってもいいのですが、その際は、「キャリアオイル」というマッサージに用いるオイルで薄めて使ってください。

精神的な見方からお伝えしますと、「平和な心で生きることを大切にする」「比較・競争に翻弄されない」「誰かより優位であることに気持ちを向けない」「自分を責めず、容姿も個性もすべてそのままを認める……」「このままの自分を受け入れる」ということが挙げられます――これは特に女性として大事なことです。

また、頭で考えすぎない、心配しすぎない、このままでも大丈夫、なんとかなる、というおおらかな気持ちで生きる。自分がかわいらしく見える（個性が引き立つ）洋服を着るなども活性につながり、また、バラの花などを飾る、もしくは育てる、また、春には桜のお花見をするなども女性性を高めるために有効ですので、ぜひ試してみてください。

女性であるという意識、それは子宮から発せられるエネルギーを使って、子宮と共に生きるということです。自分が女性であるということに少しでも抵抗があると、頭と体がつながっていない、バラバラで生きているということになります。

結婚や妊娠を頭では望んでいても、女性であるということを意識できていないと、望むような方向に進みません。子宮の想いを感じてみると、本当は自分がどうしたいのかがわかってくるでしょう。

女性が女性らしく生きるためには、知識や理屈ではなく、まずはあなた自身のその体から意識するといいと思います。結婚していても、いなくても、子供がいても、いなくても、閉経が来てお役目を終えた人でも、子宮はやっぱり無視できないものです。そこが男性と違うところですから、子供を産む産まないにかかわらず、ここをどう意識するか、というのがきわめて大事なのです。

女性にとっての子宮とは、女性性のシンボルであり、霊的には女神性のシンボルでもあるわけです。

# 母性愛は慈悲の心

あなたにとって衝撃的なことかもしれませんが、結婚を「人助け」として捉えることも一つの方法です。「母性愛とは人助けである」という仮説が成り立つからです。

本来「母性」とは、子供を産み、慈しんで育てていくものですが、その中には「人を助けたい」という心も含まれるのです。自分の体を明け渡して、そこに新しい命を宿すということですから、それは人の役に立ちたい、人を喜ばせたい、自分の存在が誰かの役に立つなら、これほどうれしく幸せなことはない、という気持ちがあるということです。

しかし、また一方で過剰で歪んだ自己愛が存在し、そちらが強いと、「この私に見合った、誰に見られてもうらやましいと思われる、そんな素敵な男性と一緒になりたい」と思うようになり、その結果、現実の自分を見失い、理想だけを追い求めるようになります。

一般的に、男性は女性よりも容貌が早く老ける傾向があり（頭とか、お腹とかの体型）、また、その年齢まで独身でいる人は、幼い部分が残っている人が多く、ちょっと頼りないイメージがあったりもします。そういう意味で、結婚相談所などでたくさんお見合いしても、ピンとくる人がいないわけです。そこで登場するのが、「母性愛」です。

「でも、男性ならだれでもいいわけじゃないし、生理的に受け付けない場合もあるし、どうやって自分に合う人を見つけられるの？」と思われる方もいらっしゃるでしょう。

もちろん誰でもいいというわけではありません。ただ、お見合いなどで縁があって目の前に現われたその男性を、理想の基準や第一印象で決めるのではなく、「母性愛」を発揮して、彼の中に潜む子供の部分にフォーカスして感じてみるのです。

「この人は、今はこうしてなんとなく偉そうなことを言っているけれど、子供のころはどんな子供だったのだろう……」と。

人は誰にでも幼い時代があります。それは純粋で天真爛漫で、自分の喜怒哀楽に正直で、そして何よりも親の愛をストレートに要求します。そんな姿を想像してみるのです。

「やんちゃだったんだろうな」とか、「泣き虫だったんだろうか」とか、意外と女の子のような遊びが好きだったり、お母さんのお手伝いもやる子だったかもしれないし、甘えんぼさんだったかもしれない。

強がっている人の内側には、非常に弱いところがあり、実はすごく甘えたいのに、素直になれないとか、小さい時に甘え足りなかったので、誰かに甘えることを望んでいるけれど、どうしていいかわからなくて、年月を重ねて、ひねくれて、真逆の態度になっているとか。だから、静かに見て感じていくと、その人の中にある、純粋な部分、子供の部分が見えてきます。そうして見えてきたら、そこを受け止めてあげるのです。特に何かをしてあげなければならないということではなく、ただ、それをわかっているだけでいいでしょう。「うるさい、ほっといて」という言葉が返ってきたら、「ああ、寂しいのかな」とか。そんなふうに男性を見ていって、その中で、もし、自分がその人をもう一度育てなおすとしたら、どんな子どもだったら育てたいと思うだろうか、と考えてみるのです。

完璧な人間など、この世にはいません。早く結婚した友人の旦那様の中には、傍目《はため》に見てすてきな男性もいたかもしれません。でもそれは単に若いからかもしれませんし、結婚してみたら（蓋を開けたら）とんでもなく幼稚で、家事も育児も手伝わず、自分の身の回りもちゃんとできず、自分の趣味ばかりやっているなどというケースも結構多いのです。

結婚とは、男性と女性が共に生きて、お互いが一人で生きていく過程では学べないことを通して霊性を向上させることです。ですから、そこに女性側からの母性愛という働きかけを通して、男性の眠っている「人を愛する・人から愛される喜び」を目覚めさせていくのです。そこから得られることは、きっとあなたの人生においてとても実り多いものになることでしょう。迷うよりもとにかく行動して、体験して味わってみることです。

# 相互扶助という考え方

結婚を「人助け」として考えてみませんかと提案しましたが、実はこれだけですと不十分で、女性側も助けてもらわなくてはなりません。

どういうことかというと、例えば、いわゆる世間の荒波にもまれてお金を稼ぎに行く、ということがどうしても苦手な繊細な女性もいらっしゃるのです。でもその女性には、溢れるほどの思いやりがあり、愛する夫や生まれてくる子供にたくさんの愛を渡したいと思っているとしましょう。そのような場合、女性は自分で何でもやらなければ、と思う必要はありません。自分のできる、人を愛する、思いやる、居心地のいい家庭を築く、ということをして、その他のことは社会で生き抜くたくましさを持つ男性に助けてもらう、ということを願うのです。無理して強くなろうとせず、自分の弱さを認め、誰かに助けてもらうのです。

それが適切なパートナーとの結婚です。完璧主義をやめ、自分が一〇〇点ではなく五十点でもいい、そんなに頑張らなくてもいい、とすればいいのです。そうすると、五十点でもいいんだということが相手にも伝わり、「それなら僕でもいいですか?」とピッタリな相手が現れます。自分に優しくとは、そういうことでもあるのです。

また、家事が苦手で働いていた方がいいという女性もいます。そんな人はその反対の、家事は嫌じゃないし、子供の世話も大丈夫、というパートナーを見つけるのです。

男性だからといっても、世間の荒波にもまれて働くのがあまり得意じゃない人もいます。派遣やアルバイトで働いていると、家族を養うには収入が足りないのですが、バリバリ働きたい女性が奥さんならうまくいくと思いませんか？

昔は、男性は外でバリバリ働いて、妻子を養うもの、それができて一人前という考えがありましたが、今はさまざまな価値観があり、それぞれが無理なく支え合えることが大事なのです。実際にそういうご夫婦はたくさんいらっしゃいます。

また、真面目な女性ほど、何でも自分でやらなければならないと思いがちです。一種の完璧主義です。仕事や家事にもそれが出てしまい、自分を追い込んでしまいます。そのような場合、パートナーがすでにいる方は仲良くするためにも、何でも自分でと思わずに、助けてほしいと素直に甘えることも必要です。

## 夫や子供との関係に悩む女性たち

お子さんのことで悩んで、多くの方がご相談にいらっしゃいます。

その場合、ほぼすべてのお母さんからの訴えが「子供の状態が普通ではないので、なんとか普通にしたい」というものです。

現われている現象としては、「不登校」や「引きこもり」などですから、そう思われるのは無理もないと思います。つまり、その不登校や引きこもりになっている子供に原因がある、と思われているわけですね。

それで実際にお話を聞き、つながっている高次元からの情報によると、原因は親御さんの方にあるのです。だからといって親が悪いというのではありません。子供は親に気づいてほしいから、何らかのサインを出して、それを訴えているということです。

ここ最近の傾向として特に感じるのは、私たちの時代よりもはっきりとした意志を持って、それこそ誰の言う通りにもならず、自分の意志通りに生きたいという子供さんが多いということです。

そして親の気持ちもしっかりと見抜いていますから、ごまかしがききません。親の本音と建前の違いにとても敏感なのです。親自身が気づいていないことさえも、子供ははっきりと気づいています。「あなたのためよ」と言っていても、実際は自分の体面のためであるということには、子供は特に敏感です。

そしてまた、子供は日々両親の間に立って、どうしたら仲良く暮らしていけるかに神経を使っています。つまり、子供の問題は、両親の問題だということなのです。子供は、親が気づくべき問題を見ないようにしている、あるいはなかったことにしていることに対して、まるで鏡のようになって自らの行動を映し出して訴えているのです。親に気づかせるために、自らの人生をかけて真剣に訴えています。

それはどういうことかというと、学校へは行きたい、あるいは、自分の楽しいことをやりたい、と願っているのに、まずは親、家庭の問題が解消されなければ自分の幸せはないと無意識で思っていて、それで不登校という行動に出ているのです。そこで必要になってくるのが、あなたが母性愛を高め、自分と夫を深く愛することです。

お母さんが明るく穏やかに生きることができれば、夫も元気になり、あなたに優しくしてくれて、それを見た子供が安心して自分のことに集中できることになるのです。

それではさらに深く、女性性と女神性、母性を高めるためにお話していきましょう。

# 第4章

# あなたのルーツを探る

## 世代間の連鎖という問題

普通、特別な事情がない限り、私たちは母親から生まれ、両親のもとで育ちます。

ですから、親からの影響は多大です。あなたの両親はまた、それぞれの親からの影響を受けています。特に母親は、その母親からの影響を強く受けているのです。

一つの家庭の中心的存在は（つまり、家庭を運営しているのは女性であるということ）お母さんですし、子供は小さければ一日中一緒にいますし、大きくなっても家庭にいる時はお母さんのテリトリーの中で過ごします。お母さんのご機嫌ひとつで、子供はハッピーにもなりますし、不安定にもなります。

そして子供は、何よりもお父さんとお母さんのことが大好きです。お父さんとお母さんに愛されたい、という気持ちを強く持って日々を生きています。そして、そのためなら、自分でできることは何でもして、両親を守りたい、という意識も、無意識の中に持っています。小さくて頼りなげで、親を困らせるようなことをしているように見えても、心の中では親への愛情にあふれているのです。

世代間の連鎖は、その親の、そのまた親の世代から引き継いでいるものです。その中にはもちろん良いものもありますが、時代が変わって人々の生活様式が大きく変わり、古くてもう役に立たないものもあり、それを手放した方がこれからが生きやすくなるものがあります。

良いものとは、例えば健康な体とか、衣食住に困らないだけの生活ができることなどがあります。古いものとは、家族の中で個人の意思よりも、家の意向、体面を大切にすることがあります。長男や家長が絶対であるとか、嫁は家に従うとか、子供を、世継ぎを生まなければならないとか、そういったもろもろのやっかいな固定観念があります。

子供は親の言うことを聞くもの、親に逆らってはならない、親孝行をするべきだということをまるで強要するかのような教えなども、親に対して尊敬と感謝の気持ちを持つことは当然のことですが、それは心からのものであることが望ましいと思います。

# 祖母・母・娘という三世代に渡る学びのバトン

最近の探究で気づいたことは、子供の問題に祖父母の世代の価値観が大きく影響しているということでした。特にここでは女性に関して書いていきますと、通常は祖母、母、娘というように、三世代に渡って強く影響をし合っています。

例えば、祖母の時代にはできなかったことを、母の世代で叶え、その母もできなかったことを、娘の世代で実現するというように、三世代でまるでバトンを渡すかのようにして学びを継続させていくパターンがあるのです。

私の例で説明しますと、私の母方の祖母は明治生まれで、生家は貧しく、幼くして奉公に出されたようでした。それでも根っからの働き者だった祖母は、その当時は結構手広く商売をしている私の祖父のところに嫁ぎ、戦時中にもかかわらず九人の子供たちをちゃんと育て上げ、とてもしっかりとその当時できる限りの、女性の人生を生き切ったと思います。つまり自分が子供の時に衣食住で苦労をしたので、祖母の愛情の象徴とは、子供たちに衣食住で不自由をさせないことなのです。

そして母ですが、地方公務員の父と結婚をして本人なりの苦労はあったにせよ、私と弟を産み育て、しっかりと一人前にしてくれました。母は不満が多い人なので気づいていないかもしれませんが、母の祖母への不満は、自分（母）がもっと勉強において頑張れるようにサポートしてほしかった、ということなのです。食べることは不自由なかったけれど、教育をもっとしっかり気配りしてほしかったと言うのです。

このように祖母から母へ、そして娘という連鎖、「価値観」のバトンが受け渡されていくのです。祖母は食べることに不自由したので、九人の子供にはそれをさせたくなかったし、そのように育てられた母は、もちろん私たち姉弟に、衣食住はしっかりと世話をしてくれましたが、自分が足りないと感じていた教育では、私と弟には、母なりの精一杯のことをしてくれました。

では、私はどうかというと、無意識レベルでその母の意を汲み、私の三人の子供に私なりにその適性を見抜いて、それに合った教育をしました。教育ママの感は否めませんが、三人の子をそれぞれ大学まで出すことができました。このように、母娘間の連鎖は行われます。

この三代の連鎖をよく分析していくと、自分が母親から受け取っているバトンに気づくことができ、自分の代でどこをどうすればいいのかがわかるのです。ですから、負をできるだけ取り除いて、子供の負担にならない、より能力を伸ばしやすいバトンが渡せます。

子供の起こしている問題には、実はそこに早く気づいてほしい、というメッセージが含まれている可能性が高いと思うのです。このことから考えると、私の場合、渡されたバトンの中の一つのテーマが浮かび上がってきます。それは教育です。

祖母の代では食べることに夢中でしたが、考えてみると祖母は、小さいうちから奉公に出されていたので、教育を受けていません。表面には出していなかったようですが、それは心の奥にしまわれていたのだと思います。そしてそのバトンを受け継いだのが母で、自分が受けていないのに精いっぱい頑張って私と弟に渡してくれました。その中で私にとってはかなり不満なこともあり、それがトラウマにもなっているのですが、それを糧にして私は、私の三人の子供たちに渡しました。

さて、それがよかったのかそうでなかったのかは、今はジャッジすることはできませんが、精いっぱいのことをしました。そして今度は子供たちがそれをどう引き継いでやってくれるのだろうか期待しています。それを見せてもらうことで、祖母↓母↓私↓子供たちと先祖から子孫への愛のバトンの意味がわかるのだと思います。

左の表で説明しましょう。

縦軸が生活レベルを表します。横軸は精神性を表します。つまりこの表で上になっている娘は、生まれながらに今の生活レベルを受け取っています。祖母が下のレベルにいますが、それは時代のせいもあり、食べることがやっとだった、衣食住に苦労した、ということになります。それが時代の変化と祖母世代の努力により、母の世代になる時には衣食住は段々と向上していきます。娘の世代に渡るころには、もはや衣食住に困ることはなく、それどころか食べ物は豊富で、生活用品や電化製品も便利なものにあふれています。食べることに苦労したことも、やっとのことで電化製品をそろえた、という世代のことなど想像することもできません。

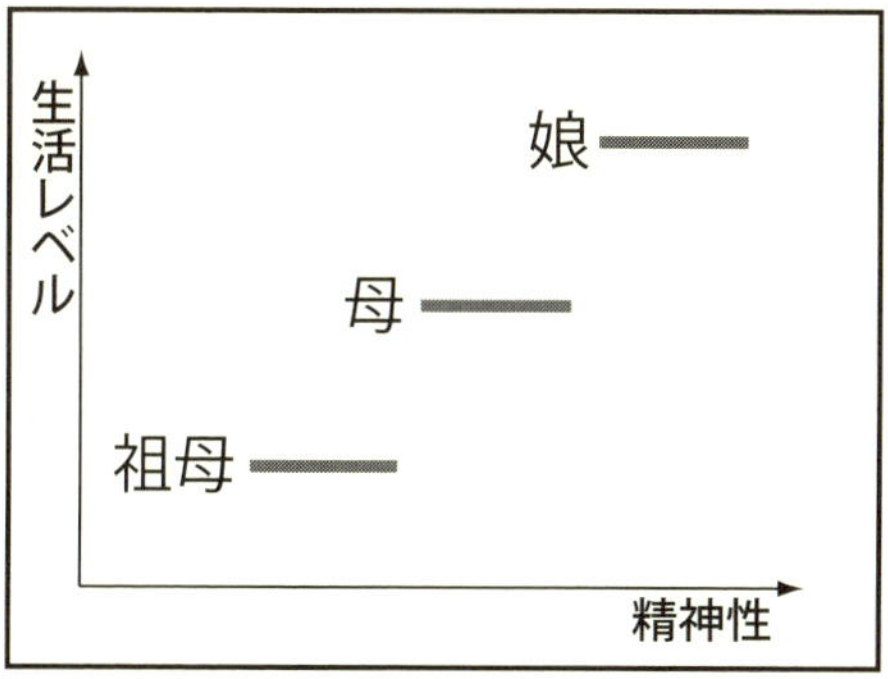


そしてその反面、精神性は娘世代の方が生まれながら衣食住の苦労がないこともあり、求めるものがハイレベルのものになります。食べることに困っていた時代は、抱きしめることや教育することまで親の意識が回りませんでしたが、それが叶うようになると、今度は次のレベル、抱きしめることや、認められ

る・褒められることを望むようになります。でも、親はそれをされていないためにやってあげることができないのです。そんな理由から、子供は親に不満を持ちやすくなります。これが、親の〝渡せる愛〟と、子供の〝欲しい愛〟が違うということです。つまり、これが世代間のギャップの原因です。親は愛していないのではない、自分が親からもらった愛をそのまま忠実に渡そうとしているだけで、人によってはそれ以上の質の愛を渡そうと思いますが、それでも子供の望むようなハイレベルの愛は、どうやっても渡すことはできません。人は体験したことがないことは想像もつかないからです。

でも、祖母や母世代が頑張ってくれたお陰で、最初のレベルである衣食住から始めることなく、完成したところから始めることができるのです。そこからやり始めることを考えたら、今のレベルに到達することも難しいのだと知ることができるでしょう。

バトンとはこういうことであるのです。ですから、祖母から母に渡したバトンを受け継いで、もらった〝徳〟に感謝し、今のあなたにできることは何かを考えてみてください。祖母のお蔭で今の私がある、母のお蔭で今の私がいる、と気づけば、自分がそこから成長していくことが、「先祖を癒す」ことにもなり、それは巡り巡って、自分や自分の子孫にも渡っていくのです。

# 先祖の話はあなたへのギフト

あなたは、お祖母ちゃんや親、親戚から、または義父母からその家にまつわる話を聞いたことがありますか。くれぐれも昔話だからと聞き流さないでください。そこにこそ今、あなたが抱えている問題のパターンやキーワードが隠れていることがあります。実はそれが「ギフト」なのです。

〝先祖供養〟というと、なんとなくお線香くさいというか、おどろおどろしい印象を持たれるかもしれませんが、実はとても重要なことなのです。それはなぜかというと、祖母、母、自分、そして未来生まれてくるであろう子供へと「へその緒」でつながっている、ひとつの歴史、物語でもあるからです。

人は、自分が自分の人生だけを生きているのではありません。先祖代々の流れの先端に自分があることを理解しましょう。「そんなことは関係ない」と言って自分だけを切り離して考えるのではなく、先祖の流れをひとつの物語として見直していくと、どんな流れになっていて、何を解決して、何を達成しようとしているのか、という一族の形がわかってきます。

それがまた、現在の自分の問題解決の手がかりになり、最もぴったりくる生き方の方向性が見えてくるのです。女神性を発揮していくためにも、ぜひやってみていただきたいことです。

具体的には、自分が生まれる前に亡くなってしまったご先祖のエピソードなどは、ぜひ機会があれば聞いておいてください。そして、その当時に思いを馳せて想像してみるのです。ご先祖様たちがどのようにして現在まで血筋をつないできてくれたのか、どんな御苦労や努力をされたのかをぜひ知ってみていただきたいのです。

ちなみに私の場合、幼い時から母にさまざまな話を……。主に愚痴話を聞いていたのですが、その際に祖父母、曾祖父母の話、その他親戚の人たちの話を、詳しく聞く機会がありました。嫁いでからも、義母に広く親戚関係の方の話をできる限り聞きました。

「なぜ私にそんな話をするのだろうか」と謎でしたが、元々興味関心があったのでしょう、真剣に聞きましたし、またそれをよく覚えていました。それがこの方面の仕事に進むようになって、とても役に立っています。

まだスピリチュアルの学びをする前から、先祖供養にはなぜか興味があり、その方面の本を読み、自分なりに実践・研究していました。長男の受験の前には、自分なりに両家の先祖供養を真剣にやり、その効果が現象として良い結果を得たこともありました。

たんに先祖供養だといって、お墓参りやお寺でお坊さんにお経を上げてもらうだけでは子孫の私たちに受け継がれている「ギフト」が生かされません。供養されるご先祖様がどんな時代にどんなことをしたのか、どんな性格で、どんな悪いこと、良いことをして周りの家族に、周りの人たちに影響を与えたのかを知ってこそ、ちゃんとした先祖供養ができるのです。

そして、先祖の流れから見えてくる一族がもつ得意なもの、過ちの傾向などの正と負の部分……「ギフト」が、現在の私たちに大いに役立つのです。そうすれば、「念じれば通じる、祈れば叶う」というのか、結果は不思議で奇跡的なことも起こるはずです。

京都・鞍馬寺奥の院―貴船神社に抜ける山道の途中にある小さなお堂、護法魔王尊を祀っていて、ものすごいパワーのある場所

## 負の連鎖を断ち切る

世代間の連鎖は、実は結婚やその後の結婚生活、育児に関しても大きな影響を及ぼしています。これの意味を正しく理解することが、人生の流れをスムーズにしていきます。

前述したように、まずは自分の母から、そしてその祖母から引き継いでいる負の部分を探っていきます。その時代ではどうしても避けられない出来事であって、そのことを批判できないのですが、人間なので過ちもあるわけです。そして多くは良かれと思ってやっています。

よくあるのが婿養子を迎えるということです。これが結構大きな影響を及ぼしています。婿養子というのは、女の子しか生まれない、あるいは子供自体が生まれないという場合に他家から養子として迎えて、自分の娘と結婚させることですが、あるいは夫婦養子とするということもあります。

跡継ぎがいないということには意味があるのに、その意味を理解せず、つまり改善せずに、よそから迎えることで解決しようとすることにポイントがあります。この場合に共通しているのは、よそから男子を迎えたのに、それにあまり感謝をせずに、その男子の人生を利用する、働かせるだけ働かせる、子種として使う、ということとの影響です。

こんな例があります。旦那さんとうまくいかない、どうしたらうまく行くか、というご相談ですが、その際、相手を変えてほしい、とお決まりのご依頼があります。

その中で一つのケースをご紹介します。

ご依頼者である奥様からのご希望で、ご主人に向けて視ていったのですが、それをおこなった翌朝、私は自宅の階段から足を滑らせて三段くらい落ちました。幸いにも、腰を少し打っただけで大事には至らなかったのですが、こんなことは初めてなので、どうしてだろうと考えてみました。

ふと浮かんだのは、このご相談者、奥様になりますが、そのご先祖様からのメッセージなのではないか、ということでした。「旦那じゃなくて、お前だよ」という感じを受け取ったのです。私はすぐにその方に連絡して、今度は奥様の方に注目しておこなっていきました。

そしてわかったことは、その方の一族は、かなり前の先祖の代から養子さんをもらっていて、そのご相談者さんも旦那様に婿養子として来てもらっていました。そしてお母さんがとても気の強い方で、お父さんに対してきつい態度で接していらっしゃるのだそうです。

その連鎖が、そっくりそのままご依頼者さんである、娘さんに受け継がれていました。

我が家の男性は頼りないという思いがあり、男をバカにする、男性を立てない、大切にしない、普通にやれて当たり前で、もっともっと尽くさせようという家風があるのです。そういう先入観が先にあるために、旦那様のどんな態度を見てもそのように解釈してしまう傾向があり、そのために大事なことは女性が決めるということもありました。

このような家系では、男の子は生まれず、代々女の子しか生まれなくて、そのためにずっと婿養子をもらっているという連鎖があります。そのために夫婦間の不和が起こり、旦那様に格別欠点がなくても、何をしても不満に思うという傾向もありました。

このケースでは奥様がよく理解されましたので、ご夫婦だけでなく、ご両親を含め皆さんに変化が見られました。


それから、今度は母娘間の連鎖のケースをご紹介します。

ご相談者のお母さんが学校の先生です。その母……つまりご相談者さんの祖母は、親戚兄弟すべてが一流大学を出て、医師や弁護士、教職についています。そんな一家の中で、ご相談者さんは幼いころから、勉強も運動その他も、何でもできて当たり前、できなければば家の子じゃない、というように育てられました。一〇〇点を取って当たり前で、八十点は点数ではないということです。

やってもやっても、できても褒められず、できなければバカにされる、あるいは罵られる、最後は無視される、となるとそれはもう虐待にあたります。でも、そんなことはその一家には通じません。それはつまり、お母さんもその母（相談者さんの祖母）に同じように育てられたからです。それが正しい、そうすることが親の愛情とも思っているわけです。

さて、ご相談者さんは子供のころから何が真実なのかをよく知っているので、親の価値観の中で、いったんはそのように生きようとしたそうですが、どうしてもそのようには生きられずに、結果として学校には行かず、心を病みました。その際、立ち直ろうとして、いろいろな治療やカウンセリング、セラピーを受けたそうです。そして、結局は「母親も苦しんでいたのだ」ということに気づき、母の分も癒すつもりで自分の癒しをすると固く決心して努力を続けています。

何が本当の幸せなのか、何が本当の愛なのか、そのことをきっと人生をかけて見つけていかれるのだと思います。このように、自分が親からされたことに振り回されず、親に何があったのかをよく理解し、原因を分析してみて、それから自分のところで何を絶てばいいのかを知ります。ですからこのケースの場合は、親に従って良い子として生きることをやめること。そして自分にとって楽で自分らしい生き方を探していく、ということになります。

この場合、親からは理解されないし、場合によっては援助も絶たれるかもしれません。それでも自分を信じて自分らしく生きることを模索していくと、あるところから急に光がさし、道が開いていくものです。

またもう一つ、なかなか結婚できない、良縁に恵まれない、子供が授からない、夫婦仲がよくない、ということへの連鎖について解説しましょう。

このことで共通していることは、祖母→母→娘とつながる中で、特に中間の母が傷ついている場合が多くあります。祖母も傷ついているのですが、それを娘に引き継がせています。つまり、負の連鎖の「あなただけを幸せにはしない」というものです。

母は親の言うことを聞くことが親孝行することと思い込んでいますから、逆らうことができません。そして自分が辛抱して聞いたことを、今度は娘にも引き継がせようとします。つまり、自分と同じ幸せを渡したいと思うのです。自分以下でもない代わりに、自分以上でもない、というものです。

これのどこがおかしいのか、と思われる方もいるかもしれませんが、娘の成長を止めようとするものなので、娘本人がそれでいいのなら構わないのですが、自分の意思が強い人であれば、それはとてもつらいものになります。

連鎖というものは、プラスとして働くときは自分以上になる（より進化したものという意味）という性質がありますから、自分と同じということは可能性を狭めることになります。連鎖というバトンは、〝自分よりも〟という物差しを外して、あなたの好きなように、というようにすれば、そう信じてもらった娘は自由に生きて、自分の可能性を広げることができます。

その時代、時代の価値観があります。親子関係で言うと、昔は子供は、育ててもらった恩を返すために、親が一番大事であるという考えのもと、親孝行をするために、勉強し、働いて家を助けるという価値観がありました。それはきっと昔は貧しかったからです。自分たちの老後の資金を蓄えるよりも、子供を育て子供に老後の面倒を見てもらう、という考え方です。その連鎖を今の親と子供の世代とで断ち切る時期に来ています。

また、墓守《はかもり》という考え方もあります。自分たちが死んだ後のお墓のことまで、子供に見てもらおうと押し付けることです。結果として親の老後を見て墓守をしたとしても、それが心からの感謝から出ている場合は、やらなければならないという義務からでないので、お互いに満足するものになります。

熊野・大斎原近くの熊野川にてリトリート中の著者
＊リトリート…日常を離れパワースポットなどで心身を癒すこと

# 第5章

# 男性性と女性性のバランスを取る

## 男性性とは

女性性が、感受性が豊かで直感力があり、人との関係性に興味・関心を持ち、社会への貢献を望むのに対し、男性性は、思考が活発で論理的で行動力があり、社会的には自分や所属している会社の成長を求めるということが言えます。

もっと言い方を換えますと、男性は興味・関心が外側にあり、外で仕事をして稼いでくることに喜びを持ちます。女性は家庭や内側に関心があり、家族の健康や和を保つ働きをし、居心地良く過ごせるように、また家庭が永く繁栄していくようにと心配りをしていくという役割分担があります。どちらが優れているとかではなく、役割で分かれているということです。

男性は外側に関心を持って生きているので、生命を保つことや、和やかに過ごせるための心配りをする内的な感覚に優れていません。そのため、内的感覚を持つ女性と共に暮らし、交わることで、癒しのエネルギー、生命や神性に触れることができます。

男性は自分から内的なエネルギーとつながることができないため、自分で自分の生命エネルギーを癒したり高めることができません。それができるのが女性なので、それを女性に頼るしかないのです。

　また、女性の方も内なる感覚、癒しのエネルギーを自分だけのために使うことは停滞を意味し、さほどの成長は望めませんし、ある意味、与えたいのに与えられないという欲求不満になりがちです。そういう意味でも、やはり男性と女性が健全に交わることは、陰と陽の統合という意味にもなり、内側と外側の平和がもたらされます。

　そして、私たち女性の中にも女性性と男性性があります。女性だから女性性しかないのではありません。女性でも男性性が強い人がいますが、それは、競う、比べる、評価する、という争いのエネルギーを使っています。それは常に緊張を強いられますので、女性特有の柔らかさや、包み込むような優しさが発揮しにくくなります。比較や叱咤激励、欠点を探して追及する、これは弱っている心をさらに追い詰めます。

　さらにもう一方では、早く結果を出したいと頑張る自分がいて、ものすごく疲れていたとします。その際、過剰に頑張って結果を出そうとするのは、自分の男性性のなせることです。でも間違いなく確実に女性性はありますから、ゆったりと安定した生活を好む女性性が、それについていけずにストップをかけます。それが心身のバランスを崩すことにもなります。

このような時には、弱い方の女性性の声を聴き、ゆったりとしたペースで生きるようにします。そうすると男性性と女性性のバランスが取れてくるので、「焦ることなく、自分に合ったことを、感情的にならず考えすぎることもなく、直感に従い行動を起こす」ということができるようになります。

女性性の感性と感情で人の気持ちや命のつながりを大事にし、男性性の理性と行動力で状況に合わせて合理的に物事を形にするということでもあります。そうやって一人ひとりの中で統合された女性性が蘇った時、男性性もバランスよく活かされることができて、自分の中の男性と女性が結び合わされ、両者の力を共に活かして、本当に幸せな社会を生み出していくことができるのだと思います。

# 結婚できない男性側にある問題点

女性性のところで、「昔は仲人がいて、今よりも多くの人が自分で相手を選ぶことをせず、親の言うことを聞いて結婚することがあり、それによって消極的でコミュニケーション能力の高くない男性も結婚できていた」ということを書きました。

私のこれまでのセッションでお話を聞いた中では、そういう男性を父に持っている方が多くいらっしゃいました。そして、セッションを受けてくださった方たち、つまり娘さんたちは、そういう男性を夫にした母親の慰め役をしていたのです。

家や親の意向で結婚させられるということは、男性にとって自分のパートナーを見つけ出し、自分のお嫁さんになってくれるようにお願いする、結婚の承諾を得るまで頑張るという努力の機会がなかったのではないかということです。それは、結婚という人生の大切な儀式に男性側が必要な手続きを踏まずにすませてしまったという事実です。

実は、それが長いこと妻となった女性たちを苦しめていたのではないかと考えられるのです。つまり、夫になる男性から「愛しています。私のお嫁さんになってください」と告白されることなく、形式的な見合いで結婚させられたその女性は、「私でよかったんだろうか、私のことをどう思っているのか、愛しているのか、必要としているのか」など、そんなことを思いながらも口に出して聞けず、ずっと忍従の人生を送ってきたように思われるからです。

女性として最も幸せな「是非にと請われて花嫁になる」という〝必要とされる〟ことを飛ばされてしまったのです。これでは女性であることを喜ぶことなどなく、ましてやその先の女神として生きることなどは望めなかったでしょう。

この、消極的でコミュニケーション能力の高くない男性たちは、程度の差こそあれ、自分の殻に閉じこもりがちです。閉鎖的で心を開かない。何を考えているのか話してくれないのでよくわからない。妻や子への自分の気持ちを伝えることがうまくできないので、どう接していいかもわからず、そんな自分に自信もなく、その状態で家にいることは居心地が悪くて、黙って過ごすか、一人で好きなことをするということに逃げてしまいます。

または家族に告げず、自分だけで外に遊びに行くという夫もいます。そういう親の姿を見て、子供は少なからず影響を受けているのです。特に息子さんの場合、「男とはそういうもの」と何の疑問もなく理解してしまいます。そして、自分が大人になった時に、同じように自分から気持ちを伝えられないので、女性に声をかけることができないでいるのです。今の女性はしっかりと意志表示してくれないと気持ちが傾きませんから、結果的に結婚できない男女が増えていくのだと思います。

または、そういった気持ちの上手く通わない家庭で育ち、〝愛〟に関して未成熟な人間になるのだと思います。

アメリカのパワースポット・セドナのレッドロッククロッシング―赤い岩山と美しい清流の絶景、意識が高揚する不思議な場所

こう考えてみると、なんだか男性もかわいそうに思えてきます。ここを何とかできないものかと思ってしまいます。

## 男性にある幼児性

男性側の問題としてもう一つ知っていただきたいことがあります。それは多くの人々にも共通していることですが、男性の中に幼児性が残っているということです。言葉を変えれば、精神的な面でのバランスが取れていないとも言えます。

それはどういうことかというと、男性は小さいころから、暗黙のうちに「強くあれ」と期待されて育ってきます。「男のくせに」とか「男だから」と言われ、一律に「強くあれ」……それは表面的にという意味になりますが……と要求されるということです。つまり、内面はいいから、とりあえずは表面的にでも強く見せよと指示されていることとなり、本当の彼自身の持つ個性を見ていないことを表わしています。

男の子であっても優しくおとなしい子もいます。みんながみんな活動的で、昔でいう立派な若武者である必要はないのですが、そんな意識で、男は強くあるべきと画一的に育てられますので、男性の多くは、人間の持つ内側に潜む弱さを出すことができず、そのストレスの処理法も知らず成長していきます。そして、だんだんと体と社会的な地位は大人になりますから、一応それらしくはなりながらも、それとは真逆の幼児性を抱えて生きていかなければならなくなります。

家庭においては表面的には一家の主としてしっかりしようとしていても、妻のことを思いやり、感謝して大切にするということができず（男の沽券《こけん》が邪魔をして）広い視点で家族を見て、守ることができません。表面的にどうみられるかを大切にするあまり、子供の個性や自由意思を尊重するということもできません。舵取りをするはずの船長が船の操縦をしない、あるいは妻に任せっきりになっているということです。

妻……女性の役割は別のところにありますから、もし夫、父親が一家の舵取りがうまくできない場合は、その分も妻が担当しなければなりません。すると、どうしても女性性ではなく男性性の方を使うことになります。その結果、表面的には夫を立てつつ、裏では夫のする分も負担するということになり、妻側の負担が増え、内的な夫婦間のバランスが崩れます。つまり、いざという時に意見を言っても子供たちへの説得力に欠け、まるで飾り物的な父親になってしまうことになるのです。

思いついて、私のブログ読者さんからこんなアンケートを取ってみました。

「夫婦関係において、最初にしっかりとプロポーズをしているのとそうでないのとで、その後の夫婦関係にどう影響を与えるのか」というものです。
○見合い結婚だったので、親に決められた。
○恋愛結婚で、父から母にちゃんとしたプロポーズがあった。
○恋愛結婚のようだが、ちゃんとしたプロポーズはなかった。

この質問に対しては、ご両親のことで回答していただきました。

回答いただいた数は多くはなかったので決めつけはできませんが、お見合い結婚の場合と、恋愛結婚でもプロポーズがなかった場合は、その後の意思疎通に多少なりとも問題が生じるようです。恋愛結婚のプロポーズありと回答してくださった方は、その後のコメントが書かれていなかったので、特に気になる問題はなかったのかもしれません。

プロポーズというのは、男性にとっては人生の最初の峠で、その峠を越えないと、家庭においてしっかりとしたリーダーシップが取りにくいのではないかと思ったのです。

どうも男性は、変なプライドにこだわるというか、女性に対してお願いすることが苦手なようで、「言わなくてもわかるだろう。言わなくても察しろ」という甘えがあるのだと思います。

例えば自分に何かコンプレックスのようなものがあったとしても、それを隠さず正直に伝え、

「こんな僕だけれども、あなたと結婚して一緒に生きていきたいのです。精一杯幸せにしますから、どうか僕と結婚してください」

これくらいは言わないといけません。自分の弱さをさらけ出しても、好きな人と結婚するわけですから、言われて嫌な気がする女性は少ないと思います。むしろ、女性の心を打つのは、「あなたでなければ」という言葉なのです。この世の他の誰とでもなく、あなたでなければ、という気持ちが大事なのです。

女性は唯一無二の存在でありたいわけですから、プロポーズの最初にこの言葉があるのとないのとでは、共に生きる間で、たとえ困難が起こってもスムーズさが違います。最初にしっかりと決めておけば、あとはそんなに言わなくてもいいほどです。いや、でも言ってもらったことに越したことはありません。

もちろん結婚後は、男性は妻子のために社会へ出て一生懸命働いて衣食住の保証をしてくれるので、「よろしくお願いします」と心から挨拶する必要があり、女性の方も同じなわけですが、お金やものといった物質面だけを見てしまうと、「食べさせてやるのだから

……」となりがちです。

見えないエネルギーというものがあるので、女性はそれを一生提供するのです。それは女性性のエネルギーであり、そして場合によっては女神性のエネルギーです。いつもそこにあると気づかないかもしれませんが、いなくなるとわかるものです。

よく「帰路に見える明かりのついている我が家……」といわれますが、それは単に電気がついているからいいというのではなく、心から愛した女性の笑顔のことなのです。何にも勝る宝です。女性はこうして男性から、その明るさ、優しさ、美しさを崇められ、大切にかわいがられることがとても大事なのです。そうするとさらに光り輝き、明るさ、優しさが増します。

女性は、大切にされ、かわいがってもらうだけで、その男性にとってその女性は、女神になるのです。

## 男性をどう育てるか

男性の中の幼児性を見抜いて、改めて育てなおしていくのに必要なのが、〝母性愛の目覚め〟です。それは自分の中にある母性愛を育てることでもあります。

つまりそうすることで女性自身も、内なる女性性・女神性を育てることができるということなのです。夫の未熟なところを責めたり、愚痴をこぼしてばかりではどうにもなりません。どこがどう未熟なのか、そして自分はどう接したらいいのか、それを研究していくことが大事です。

また、独身の男性の問題として、〝自信のなさ〟があります。女性は、子供を産みたいという本能から結婚をしたいという願望が強いですが、男性の方はそれほどでもありません。それは、自分一人でも生活していくことが危ういと思うのに、他に一人、あるいは子供も含め、二人、三人と養い続けて行くことなどできるだろうかと思っている若い男性がいるのも事実です。そして結婚によって自分のやりたいことができなくなったり、自由がなくなるのが嫌だ、という思いもあります。この点が男性の強すぎる自己愛と言えるかもしれません。

そのためにも、

「ほめて伸ばす・自信をつけさせる」……先述した通り、男性は自分の男性としての資質に自信が持てないことが多いのですが、それは子供のころに親から過度に期待され、叱咤激励されて育てられたからなのです。そのため、虚栄を張って自分を大きく見せようとします。でも実際は、小心で周りの反応を気にしています。素直な人ならいいのですが、そうでない場合は意固地になり、自分の非を認めないなど、かわいげのない態度をすることがあります。そのひどくなったバージョンがＤＶ（ドメスティックバイオレンス＝家庭内暴力）です。

「過度に期待をしない』……初めのデートでは、小洒落たレストランをあらかじめ予約して、スムーズに支払いも済ませてくれる。そういうことを期待する女性が多いと思います。その気持ちはよくわかりますが、それも過度な期待です。

男性の無意識の中には、「女は従順な方がいい」という思い込みがあり、それは父親世代から引き継がれているもので、それの影響を大きく受けています。つまり、女に甘くするとずっとそういう関係になってしまうので、最初が肝心、最初が大事、自分が甘く見られないためにあえてそうするということもあります。これも女性側の過度の期待が成せることでもあるのです。

ですから、女性側からのアプローチとしては、自分の中の自己愛を見直し、できたら自分の気持ちで自分を満たし、男性に過度に期待をしないことです。

余談ですが、男性がおごったり、プレゼントしてくれたりと過剰サービスをする場合の多くは、相手の女性に自分との差異を感じる時です。自分よりもうんと年が若いとか、まるで女優のような人であるとかいう場合に、他の男に取られないため、自分のものにするため、獲物を獲得して他の男に勝ち優越感を持ちたいという心の現れです。

自分と釣り合う結婚を前提にした場合の多くは、最初から割り勘で行こうと思うかもしれません。もし、どうしてもお姫様のように扱ってほしいのなら、先に書いたように、自分で自分を満たし……自己認識を上げることです。女性側に高いプライドと、その反面、容姿や能力などの劣等感があり、他者によって高い位置に持ち上げてほしいという願望があると、多くの場合、満足できる結果にはなりません。

このように考えると、女性側から行う男性へのアプローチ（育て方）は、男性の幼児性を見抜き、過度な期待をせずに、今できることをしてもらって、それを喜ぶこと。言葉や態度でちゃんと伝えること。あまりにも幼稚な時には、感情を抑えて的確に伝えてみること。「こうしてくれたらすごくうれしいわ」などと自分の気持ちを正直に伝えること。恥をかかせない、どうしたらいいか具体的に伝える、感情的にならない、察してほしいと思わない、でもあまり遠慮しすぎないなど、ちょっとした配慮が必要です。

またそうは言っても、やはり女性には夢があります。

好きな男性から大切にされたい、どうしてもあなたでなければと求められたいなど女性をくすぐる夢です。ですから、それはそれで大事にしておきたいものです。そのために現実が伴うようにと相手の男性を育てていくのです。

一気に良くしようとしても無理があります。ですから少しずつ、後戻りしても、また根気強く見守るように、子供と一緒に育てるような気持ちで男性を育て上げてください。

## あなたの中の男性性と女性性のバランス

あなたの中にある「男性性」と「女性性」をしっかりと見つめてみましょう。

そのバランスが、実はとても大切なのです。バランスが良くないと、健康も、仕事も、恋愛もうまくいきません。

自分の中の男性性と女性性のバランスがどのような状態かを知る方法として、まずは自分の両親の関係を観察することをお勧めします。そして兄弟がいれば家族全体としての力関係も見ていきます。表面的には誰が強いのか。実権を握っているのは誰か。誰の言動が一番家族に影響を与えているかなどです。

例えば父親の仕事が忙しくて、家庭での影が薄く、反対に母親が家庭のすべてを掌握していたら、そこは女系であると言えます。祖父母と同居もしていて、祖母が強かったりしたら、それはまた相当に強い女系であるのです。つまり、家庭での男性性と女性性のバランスが崩れているということです。

そして、そんな家庭で育ってきた子供は、それが普通だと思って育ちますから、男は忙しく働くもの、家庭を大切にはしないもの、自分（女性・妻）がすべてをしなければならない、と、無意識でそう思います。

表面的にどんなに男性に頼りたいと思っていても、無意識が勝ちますので、選ぶ相手は父親と同じような男性になります。結婚して夫が家事や育児を手伝わない、と不満を覚えるのは、ある側面では妻が夫に家事育児をさせないということにもなるのです。

これが独身の場合には、さらに複雑になります。例としてあげると、先ほどの例とは逆で、父親の方が明らかに強く、さらには子供の目の前で妻に暴力を振るうことが日常になっていると、男の子はそれが当たり前のことと認識してしまい、男は女に言うことを聞かせるためには、女が嫌がっても無理にでも言うことを聞かせてもいいというように無意識にインプットされます。ですから実際に結婚すると、DVに走るか、女性が逃げようとすると、ストーカーになったりもします。

女性の場合は恐怖心が植えつけられ、結婚して夫に暴力を振るわれるくらいなら結婚しない方がいいと無意識にインプットされます。この場合、男性性により女性性が弱められ歪められているということになります。

前置きが長くなりましたが、自分の中で男性性と女性性がどうなっているか、どちらが強いかということを知るときは、両親の関係を参考にしながら、社会での自分の状態をも分析してみます。

会社での自分の立場や出世が気になる、営業成績が上がらないことが悔しいなどを強く感じるようであれば、男性性が強い可能性があります。子育てでも、よその子と自分の子の発達を比べて過剰に気になるようであれば同様です。そんな場合、頑張ることで自分の存在価値を認められると思い込み、ゆったりとリラックスすることや、弱い自分を認められないなど、さまざまに問題が出ている場合があります。

男性と女性の関係において、要はどちらかが満足、支配するためにどちらかを虐げるということが問題なのです。お互いが気持ちよく過ごせるように、お互いの気持ちを理解し、そして労《いた》わり合う、ということが大事なのです。ここでもやはりバランスです。そして女性は男性を敬《うやま》い、立てることが大事で、男性は女性を護る、庇《かば》うという気持ちが大事なのです。

もう一つ、結婚を望んではいるけれど、なかなかできないという方々の中に、お母さんが子供を離さないということが挙げられます。お母さんがパートナーである夫との関係において物足りなさ（優しくしてくれない、大切にされている感覚がない、もっと仲良くしたいなど）がある場合、その代りの相手に子供を選ぶのです。その子供が男女関係なく、優しく思いやりがある子どもであれば、その子供を囲ってしまいます。そして場合によっては父親の愚痴を言い、自分（母）はどんなにかわいそうな女なのかということを過大に表現し、父親に代わって子供と濃密な関係を構築してしまいます。

そういう関係性の中で多くの娘たちは、母親から逃げられなくなり、三十代、四十代へと年齢を重ねていきます。つまりそれは、娘たちが自分の母親から男性性を求められているため、女性性を意識できなくなっているのです。男性にどうやって甘えたらいいかわからない、どう気持ちを伝えたらいいかわからないなどというのがそれです。

このケースはとても多く、私のところにいらっしゃる方の大半がこの関係性にはまってしまっています。お母さんと仲良しなのはいいのですが、行き過ぎると婚期を逃してしまいます。まるで、お母さんと結婚したかのようになり、気づいたら四十歳を過ぎていたということになります。

もし、あなたが結婚を望んでいて、濃密な母娘関係に疑問があったら、ぜひ思い切ってお母さんの元から離れてみてください。一生離れるわけではありません。結婚相手が決まるまででいいのです。

## 新しい女性性を追求する若者たち

まだまだ女性自身の中でも、「女性らしさ」について誤解があるようです。概念としての「女らしさ」「男らしさ」がまだ強く意識上にあって、その概念に基づいて生きているのです。

私は外見も中身も男っぽい感じだから、女らしくないとか、あの人はこんなだから女らしくない、男らしくないと判断しています。そうして、私はこうだから、男でも女でもない、その真ん中の、どちらでもない性で生きていこう、というような、そんな意識が特に若い世代に浸透しているように思います。

この場合も恐らく、祖母や母の世代からの連鎖の影響が出ていて、虐げられた女性性がもとになっているのでしょう。自分では気づいていない、深い深層心理にそれはあって、そこに新しい自立をした生き方をしたいと願う意識もあって、それらが混在しているためにどっちつかずの性で生きている若い女性が多いように思います。

たしかに、中間の性・ニューハーフという方はいますが、そうでもなく、特に男と女のどちらかと決めるのではないという感覚なのです。それはきっと、性別を超えた統合された性で生きるというものだと思うのです。しかし、その統合をするためには、まず、自分の性を男と女、どちらにするか、どちらに当てはまるのかを、はっきり選択する必要があります。

例えると、混浴の露天風呂に入りたくて行くとき、いったんは入り口としての女湯か男湯を選択しないと中に入れないというようなものです。女湯を選択してから中で服を脱いで、それから男女が一緒に入れる露天風呂に行ける、みたいな感じです。露天風呂の入り口は、つまり社会への入り口です。そこには中間の性という入口はありません。実際の性である女性を選択して入ることがまずは必要だということです。

なぜなら、体は子宮と卵巣を持ち、外見的には乳房もありますから、意識として女らしくないと思っていたとしても、一応人は女性としてみるわけです。そして、女性として生まれたということは、女性の体を持っているということで、子宮と卵巣という臓器があり、女性ホルモンの影響を受けているのです。

ですから、いくら頭では「女でも男でもなく」と思っていても、女性ホルモンは女性として生きるように促します。そして当然、産むという性があります。もし、このままの感覚でパートナーが見つかり結婚して子供を持とうと思ったとき、どちらが子供を産むかといったらもちろん子宮と卵巣を持っている人が産むことになるはずです。

いくら、女性らしくない、男っぽい女性であっても、また相手が男っぽくない、女っぽい男性であっても、その相手に産んでもらうことはできません。「産む」という性はどんなに否定したくても、そこに存在し続けます。性同一性障害の人でない限り、性転換はしないと思いますので、とりあえずは一生女性として生きていくと思います。そうしたら、結婚する、しない、子供を産む、産まないは関係なく、自分の女性としての性を受け入れてみてはどうかと思います。

お母さんやお祖母ちゃん世代の「女らしく」は忘れて、自分らしく無理しないで楽に生きられるオリジナルな女性としての生き方、それを見つけて確立するためにも、ぜひ一旦女性であることを認めてみてください。

ここまで力説した私が何を言いたいのかというと、そうしてから女神性が花開くのだと思うからです。

「女はいいけど、女神にはなりたい」とは思いませんか？

女神性には女性の持つ子宮に関係する「母性愛」が重要なエネルギーとなります。子宮があるから、そこから発せられるエネルギーがハートの想いと連動して、守り慈しむ愛を育みます。どんな考え方をする女性でも、人間である限り、求める愛は「母性愛」だと思います。内なる子供の自分を慈しむために、ぜひ女性であることを受け入れ、母性を引き出してみてください。それが新しいタイプの女性として、女神として生きる道につながっていきます。

男性の中にも、新しい男性としての生き方を実践している若者が現れています。女性の服装に身を包み、お化粧をする人もいますが、そこまではなくても、美容に気を使う男性もいます。

「男は強くなければ」というところに強く反発を感じているように思います。見かけから美しくして、そのことを楽しみ、女性を大切に愛し、同じ目線に立って生きて行こうとする男性がいます。そしてそれは男性女性という境界を超えて、どちらもの良いところを持って生きる、楽に楽しむ、というように思います。

本当に多様性の時代になったのだと思います。

## 容姿に自信がない人の心理

人の魅力には外見は関係ないと言っても、やはり気になるものではあります。特に女性にとっては関心ごとです。ただ、その気になり方には個人差がかなりあります。

極端な言い方をすれば、それほど気にすることもない、あるいは十分きれいだと周りは思うのに、自分は全然美しくない、と本気で思っている人もいます。反対に、もうちょっと外見を気にした方がいいかも、という感じであっても、本当にそのままの自分自身を受け入れている方もいます。また、けっして美人ではなくても自分の個性にあったおしゃれを楽しみ、それでとても魅力的な人もいます。

さて、その差はどこから来るのでしょうか。

実は、それは生まれた時のお母さんの気持ちから来ているのです。生まれたばかりの子供は、お母さんの気持ちにとても敏感です。ついさっきまでへその緒でつながっていましたから、生まれてすぐ自分と会って、母は自分をどのように受け止めてくれたのか、以心伝心で伝わります。

例えば、誰が見ても美しいと言われ、自分でもその自覚があり、プライドもあるお母さんから生まれた子は、例えばお父さんに似て、ちょっと「あれ？」って思う感じだった場合、その「あれ？」って思ったお母さんの気持ちをしっかりと受け取ってしまいます。

これは、以前ヒプノセラピー（催眠療法の一種で、生まれたばかりの時に遡って、その時の記憶を自分自身で思い出してもらうもの）でわかったことです。どうやっても理由がわからなかったお母さんとの確執と、自分の容姿への劣等感のわけが、この時はっきりとわかりました。

また、上にお姉さんがいる場合、そのお姉さんがまた特に美人で、その次にまぁまぁ、あるいはそうでもなく生まれた場合、上の子とどうしても比べますから、一瞬でも「あれ？」って思ったら、それはしっかりと妹として生まれてきた赤ちゃんに伝わっています。そうして、物心がついてからずっと、理由のわからない差別感で苦しみ、自分の容姿に劣等感を持ってしまうのです。

生まれてすぐの「あれ？」っていうお母さんの感覚が、その後どんなに分け隔てなく育ててきたつもりでも、子供の心には残ってしまいます。また、お母さんの方も、姉妹で比べてはいけないと思い、その気持ちに蓋をして接しますが、でも、初対面で感じた感覚はそれこそ本心なので、姉妹の子育てに影響し続けます。

この場合の解決策ですが、自分がお母さんからどう思われるかを手放していくということです。つまりそれは、他人からどう思われるかという価値観で生きているということですから、自分らしく、自分が楽に生きられるようにと意識を変えるようにすれば、誰がどのように思おうとも関係ないと気持ちが変化していきます。

また、後にやり方を紹介しているインナーチャイルドの癒しも有効ですので、やってみてください。

伊勢神宮の内宮の中を流れる五十鈴川
名水百選に選ばれるだけはある素晴らしい清流、
暑い日でもここだけは涼やか

## パートナーと出会うために

ここではちょっとしたスピリチュアルなテクニックをご紹介します。私の能力で感じるエネルギー的なバランスによってわかったことです。とても効果があります。

みなさんはパートナーを見つける時に、どんなことを条件や目安にしますか？　優しい人、思いやりのある人、一生懸命働く人、私を大切にしてくれる人、価値観が合う人、一緒にいて楽で楽しい人などいろいろあるかと思います。そして、そんな条件を基準にして男性を見ていくかと思いますが、数回会ったくらいでは男性の中の本質を見抜くことは難しく、会えば会うほどわからなくなることもあるでしょう。

自分で探して見つける以外に、どんぴしゃな相手を見つける方法を書きます。ストレートに言いますと、結婚したくて、子供がほしいわけですから、それは一人ではできませんよね？　なのでこのように言ってみてください。心の中で祈るようにつぶやくのです。

「私は結婚して、子供を産みたいと思います。でもそれは自分一人ではできないので、どうか誰か私を助けてください！」

「たったこれだけですか?」「まさか?」と思われるかもしれませんが、これはどういうことかというと、この助けてもらう、という決してたんなる依存ではない、「積極的な受け身」でいることが、自分にぴったり合う男性との出会いを引き寄せるのです。

それは不思議な魔法のようにあなたの人生の流れを変えるでしょう。助けてほしいと思うことは、人によっては屈辱的に思われるかもしれません。助けてもらうのは弱い人のすることと思っている人は、何でも自分でしなければならないと思い込んでいます。でも子供だけは結婚した相手と協力しないとできません。だからこうしてお願いするのです。

そうすると、自分を助けてくれる人なわけですから、ちゃんと自分を助けられるしっかりした、素敵な人が現れるのです。

「助けてほしい」と思うことは、男性に言い寄るスキを与えることになる一方で、あなたの中の女性性の心の扉が開きます。

# 第6章

# 女神への
# マイプロセス

## スピリチュアルなお仕事

さて、みなさんはもちろん、「ヒーラー」や「チャネラー」というちょっと特殊なお仕事があることはご存じだと思います。しかし、まだまだ一般的ではないようで、言葉は知っていても具体的にどんなことをするのかわからない方も多いと思います。

「ヒーラー」とは、クライアントさんが自分で自分の抱えている問題や悩みを解決していけるための自然治癒力、自己浄化力を高め、人生を前向きに進んでいけるように、ヒーリングのエネルギーを使ってサポートをさせていただくことです。また、「チャネラー」とは、高次元の存在にアクセスして、クライアントさんに必要なメッセージをお伝えすることです。

私は、この「ヒーラー」とか「チャネラー」と呼ばれる、いわゆるスピリチュアル系のお仕事をしています。このようなお仕事に就いて、もう八年半になりますが、それ以前に六年半ほど占い師をやっておりました。

このような特殊な仕事ですから、一応誰でもヒーラーになれるとはいえ、深い癒しができるようになるためには、先天的な能力と感性はもちろん、専門的な勉強や訓練をし続けていける根気の他に、自分を癒し、自分をより深く理解するという精神力がとても重要になります。

私は、小さい時から人の悩みを聞くことは自然にできていました。それは母親や友達からだったのですが、成長するにつれて人の心の中のことに興味や関心が強くなっていったと記憶しています。特に対人関係において、その人が話すことと心の中との違いが自然とわかってしまい、「なぜだろう?」ということが多くありました。ですから、表面的には何の問題もなく順調に生きているように振舞っていましたが、内面では常に疑問と葛藤を抱えていました。

この章では、「ヒーラー」「チャネラー」という特殊なお仕事をさせていただいている私が、どのような体験をして今日に至ったのか、また、多くの方々を癒すこの能力をどのように育てていったのかを皆さんに理解していただくために、正直に書いてみようと思います。

## 幼少時から結婚まで

私は福島県の会津地方に生まれ育ちました。小さい時は、友達と遊ぶよりは、庭の草花や虫、空や雲、川原の土筆や野原のシロツメクサなど、季節折々の自然の中で一人で遊んでいることが多い子供でした。自然に恵まれた環境で、さまざまなことを自由に想像することが好きでしたが、人間関係はうまくいかず、同じ年の女の子の付き合いは意地悪されることに敏感になり、あまり楽しいとは思えませんでした。

私の子供の頃のことで少しだけ不思議なことがあります。小学校一、二年の時のことです。担任の先生は男の先生でしたが、とても温厚で優しかったという記憶があります。一度頭を優しく撫でてもらったことがあって、すごくうれしく幸せな気持ちになったことを今でもよく覚えています。

その先生が、二年生の冬だったか国語の授業で、教科書に「吹雪《ふぶ》く」という言葉が載っていたのを、「その言葉は、どんな言葉を略しているのか」という質問をしました。みんな一斉に手を挙げて答えるのですが、誰も正解には至りません。ずっとそのような状況が続いていました。そんな時、私の頭の中にある言葉が、フッと浮かんできたのです。

それは知っていたわけでもなく、考えて浮かんだ言葉ではなかったので、ずっと答えずにいました。ただただ時間が過ぎていき、私はついに意を決して手をあげ、「吹雪が吹いて」と自信なくつぶやくと、先生はにっこりとして「正解です」と言ってくれました。

その体験は何とも不思議な感覚だったので、ずっと覚えていて、あれはなんだったんだろう？　と思っていました。恐らく、先生が答えを心の中でつぶやいていて、それが私に伝わったのだと思います。つまりテレパシーですね。

私の場合、お互いの心がまっすぐに通じる相手とだと、考えるよりも先に心の中で思っていることが伝わる、そういう不思議なコミュニケーションの能力があったのです。たしかに相手にもよりますが、この体験の後、たびたびそのような不思議なテレパシー体験をもちましたが、意識的にコントロールはできませんでした。

もし、この能力を自由に駆使できたら、出会った相手（できたらそれは親だったら）言葉だけでない気持ちのやり取りがスムーズに運び、「ツーと言えばカー」というような、それ以上のコミュニケーションが取れるのではなかったかと思います。

子供のころからそれがすごくスムーズだったら、私の人生はまたちょっと違っていただろうなぁと思います。

母は、私の生き方に大きな影響を与えてくれました。小さいながら母親の感情がわかってしまっていた私は、母が機嫌を損ねないように、感情ができるだけ落ち着いているようにと、常に気遣って暮らしていました。ですから、学校で活発に動く元気などなく、誰とも約束せずに早く帰って、母のそばに座り、いつも愚痴を聞いているのが日課でした。

考えてみると、小さいながらも毎日ずっと母のカウンセラーをやっていたということになります。母はきっと幼いころのトラウマを抱えていて、それが癒されないまま結婚し、子供を産み育てていたので、とても寂しかったのだと思います。今になって感じることですが、私はそんな母を癒すために、母を選んで生まれてきたのだと思います。

小さい時に、大人の世界のあまり楽しくないうわさ話やグチ話を聞くことは、かなりの心の負担となりましたが、今の私が苦もなく人の話を聞けるのは、この経験のお陰であると思っています。

そんな内気で繊細な子供でしたが、それでも長じてからは、「それではいけない」と思うようになり、積極的に部活や学校行事などをやって青春時代をアクティブに楽しめるようにもなりました。高校時代に音楽系の部活に夢中になったことは、今の私の感性とリーダー性を養うことに大きな影響があったと思います。

そして、無難に学業を終え、就職の時期を迎えると、これは私の人生に共通しているのですが、なにかここぞというときには不思議な導きがあり、もう、そこにしか進めない！　というようなことが起こりました。

普段の、のんびりした私の勉強態度からは考えられない、公務員試験の高順位合格により、中央官庁への就職が奇跡のように決まったのです。


夫とは、その職場で出会いました。思い出すとこれも不思議だったのですが、その当時私は腕を痛めていて、職場の中にある診療所に通っていました。

包帯をした私を見て、夫は「どうしたの？」と聞いてくれたのですが、その時の表情が優しかったのはもちろん、そこに光が当たったかのような、そんな印象を受けたのです。まるで、「この人だよ！」とでも言われたかのように。

これはインスピレーションの一種なのでしょうか。そこからお付き合いを開始するまでに時間はかかりませんでした。

週末ごとに東京近郊に遊びに行き、楽しく幸せな交際期間を三年ほど過ごし、双方の親や親戚、そして職場の人たちに祝福されて結婚しました。

# 子育ての時期

結婚して四年目に長男を授かりました。待望の妊娠と出産で私はとても幸せで満たされました。妊娠がわかってから出産までは、本当にワクワクして楽しい時を過ごしました。妊娠と出産に関する本は何冊も買い揃え、もう暗記するほどに読み返しました。

赤ちゃん用品をそろえる時の楽しさは、自分の洋服を選ぶ時以上のものでした。こうして徐々に母性愛が育っていったのです。初めての出産の体験は、本当にエキサイティングで、その体験をお見舞いに来てくれた友人に事細かく話し興奮していたことが思い出されます。本当に素晴らしい体験でした。長男の産声を聞いた時の感動は、それまで生きてきた中で最高のものでした。

ただ、その息子が我が強いというのか、親の思い通りにならない子で、何を考えているのかも理解しにくい子供だったので、次第に私は不安になり、いわゆる育児ノイローゼに近い状態になってしまったのです。それがまた、育児書にはないタイプの赤ちゃん、子供だったので、本当に心配もし、イライラもしました。かわいいのに、思い通りにならず苦しいという、これは本当に貴重な経験になっています。

このような育児のさまざまな体験で、私は本当に忍耐と愛を学ばせてもらったと思います。その体験が今の私の仕事の内容に関係するようになるとは、その時は全く想像もできませんでした。それは後に詳しく書かせていただく、「インディゴチルドレン」というとても大切なテーマです。

長男の下に二人の娘たちに恵まれました。この三人の子供たちは、それぞれ違った個性を持っていて、これもまたたいへん貴重な学びをさせてもらいました。育児の最中は無我夢中で、手探りで、また自分の自由がなかったので、苦しいこともありましたが、子供たちにより大人にさせてもらったと思っています。

この子たちがいなかったら、今の私はありません。子供は親の教師であるとは本当にそうだと思います。

## スピリチュアルの世界へ

小さいころからの人との深い関わりの中で、「人はどうして人を利用しようとしたり、陥れようとしたりするのだろうか、どうして素直な気持ちになれないのだろうか」などという疑問がいつも心にありました。そのわけを知るために、いつしか占いを独学で勉強していました。そして、子どもたちが学校に入学して、一応子育てが一段落ついた時、ある日突然インスピレーションを得て、占い師になろうと思い立ったのです。

気学、姓名判断、四柱推命、タロットの本格的な勉強を始めました。疑問を解決するための占いから、その占いの世界を体系的に身につけるために真剣に学んでいきました。何年間の学びの期間が終わると、すぐに大手電話占いの会社に所属することがとんとん拍子で決まり、占い師としてのスタートを切ったわけです。

数カ月もしないうちに、ご指名の数も増えていき、一日に何人も、長時間にわたる鑑定をさせていただくようになり、本当に多くの方々の悩み相談を受けてきました。さまざまな方々の悩みを聞きながら、真剣に解決法を探っていく日々を過ごすことになったのです。

私の鑑定は、いわゆる当たることを目的とせず、相談者の話を聞き、その人の特性を理解してアドバイスするものです。

ですから「すっきりしました！」「楽になりました！」「元気が出ました！」と言われることがほとんどでした。つまり根っからのカウンセラーであり、ヒーラーなのでしょう。

そんな中でも繰り返しご指名をしてくださるご相談者は、やはり今思うと、真面目で親切で繊細なタイプの方が多くて、堅実な信頼関係を築くことができていましたので、お客様にとっては、占いをしてもらうというよりも話を聞いてもらって、方向性を指し示してもらって、元気になって自分で歩けるようになる、というスタイルだったと思います。

占いと言えば「黙って座ればピタリと当てる」が定説ですが、私は、静かに話を聞き、共に解決策を見つけていく、というタイプの占い師だったので、それを理解してくださるご相談者たちには絶大の信頼を得ていました。多くの方が涙を流され、自分で自分の人生を切り開くことの大切さに気付かれていき、次にご依頼を受ける時には見違えるほど元気になられていることがほとんどで、それが私の使命と感じていました。

お悩み相談のためにではなく、わざわざお礼を言うために指名してご依頼くださることも多くありました。

## 占いの限界を感じて

それでも中には「私はどうなりますか？」という質問をされるご相談者もいらっしゃいます。自分の大切な人生をいくら占い師だからといって、丸投げのように聞くご相談者が少なくないことにとても驚きました。

でも恐らく自分の人生において、「こうなりたい」という希望があまり叶ったことがなく、自信もないために、途方に暮れて誰かに聞いてみたいということだと思うのです。そんな場合には、私はこう聞き返しました。

「あなたはどうしたいですか？　どうなりたいのですか？」

するとご相談者は、はっとして「幸せになりたいです」と答えます。

それならと、それが恋愛相談の場合、私はこのように切り出します。

「幸せになりたいというのなら、今のこの彼とお付き合いを続けることは、あなたが幸せになれることですか？」

皆さん、「いいえ違うと思います」ときっぱり答えます。

そうなのです。自分が一番良く知っているのです。だから、まずは自分でよく考えてみることが必要なのです。考えてもわからないからお金を払って占い師に聞くのだと思うのですが、それなら、「どうしたら私は幸せな恋愛、結婚ができるのでしょうか？　今の私のどこをどう変えていけば、そうなるでしょうか？」と聞けばいいのです。この方が建設的です。「どうなりますか？」と聞くことは、かなり危険なことです。自分の人生の決定権を人に渡してしまうのですから。だから霊感商法などに引っかかってしまうのです。

また、電話占いでは不倫相談や複雑な恋愛相談も多くて、その多くが先の見えない暗くて長いトンネルの中にいるかのようです。未来が見えないのですから、いくら今が良ければいいといっても、多くの方は悩んだ末にだんだん神経を病んでいきます。そして占い依存症になります。ひどい時には毎日、一日に二回、同じことを聞くのです。しかもそれは、同じ質問です。「知りたいんです、彼の今の気持ちを」と。

そんな鑑定にもならない相談を受けていて、私も気持ちが塞ぎそうになっていました。もっと明るい未来が見えるような、そんな相談にしていきたい。ご相談者が心底満足できるような人生を、自分で切り開いていけるように、そのお手伝いをしていきたい。

そんな中で、いつからともなく浮かんでいた言葉が、「癒し」「ヒーリング」でした。

## ヒーリングとの出会いと自分自身の変化

このような占いだけでは人は変わらない、真に癒されることはない、根本解決は望めないと思っていたところに、まるで導かれるようにして二〇〇四年九月に「レイキヒーリング」と出会いました。そこからは人生が大きく変化しました。

私は、レイキヒーリングで自分の心と魂を癒しました。私は占い師として活動していた時、お客様からよく「先生はすごく前向きですね！」と言われたものですが、そんな私であっても、まだまだマイナスな部分があり、もっと深い癒しが必要だったことを知った時には、ものすごくカルチャーショックを受けました。人の心だけではなく、魂の癒しの必要性に気づくことになりました。インナーチャイルドの癒し、過去性を知り、そのカルマを浄化する術も知り、すごくワクワクしたことを覚えています。そしてとにかくよく泣きました。泣いて発散するということはとても大きな癒し、浄化になるのです。

また、スピリチュアルに関わっている中で、私にとっては最も印象に残る楽しい期間でした。私がレイキを教えてもらったところは、グループで行っていましたので、そこで出会った人たちとの関わりは、本当に何ものにも代えがたい素晴らしいものでした。まるで本当の兄弟姉妹のような、一緒にいてとても楽しく、また癒される人たちでした。

レイキという宇宙に存在するエネルギーを使えるようになり、体と心と魂の癒し、浄化が起こり、それまでには想像もつかなかったレベルのことを体験するようになりました。見えない存在とのコンタクト、そしてコミュニケーションです。さらに自分と人のエネルギーを上げることができるようになったことです。これは本当に素晴らしいことで、これがあって今の自分がいると思っています。


このように心からレイキを楽しむ中で、いくつかの奇跡のような体験をしました。まずは、受講してまだ十日もしない頃に、そのレイキの仲間たちと一緒に伊勢神宮に行くというチャンスを得たことです。その二、三か月前から急に伊勢神宮に行かなければ、と思っていましたので、その話があることを知った時に、迷わず「私も一緒に行かせてください」と頼んだのです。偶然にも（必然ですが）、名古屋から行くことになっていたレンタカーの席が一つだけ空いていたということがありました。

そして伊勢神宮参拝の機会を得ることができたのですが、その際にもいくつかの不思議な体験をしました。外宮の正宮の参拝を終え、横の方に行って中を見ていたとき、突然白い着物と袴をはいた背丈の低い男性が現れ、その敷地をスーッと数メートル移動して、そしてパッと消えたのです。

それは幽霊とかではなく、一緒に行った霊感のある先輩に後からその話をしないのに言われたのは、「あなたは昔ここで仕事をしていた」ということでした。つまり過去世で、私は伊勢神宮の組織の中で、なんらかのお仕事をさせていただいていたのでしょう。縁があるところだということです。

この期間は、他にも、さまざまな神社に仲間と共に出向きました。自分なりに感じるパワースポットはここ！　と選ぶこともこのあたりからです。和歌山県の熊野、京都の鞍馬寺は特にお気に入りになりました。後の「聖地巡礼」の項で詳しく書くつもりです。

レイキの学びを楽しみながら一年が過ぎた頃、レイキティーチャー（レイキを伝授する先生）になるという、これもまた不思議な導きがありました。私自身はそこをまったく意識していなかったので、それは今思うと背中をドンと押されるかのような、大きな衝撃でした。

いくつかのエピソードがありますが、その中でひとつご紹介すると、私はまったくそんな気はなかったのですが、一年間の間に何人もの方から、数か月ごとに突然こう言われました。

「聖子さんはレイキティーチャーになるの？」とか「聖子さんがティーチャーになったら、伝授受けたい」とか、もっとすごかったのは、「あなたがティーチャーになるなら、私も、僕も、負けたくない」など。そのつど驚き、私なんか……と否定していました。このような流れの中で、決定的なことがありました。レイキのスクールの先輩に、「もう、ティーチャーになっていいと思うよ、なれば？　ならないの？」と決断を促されたのです。それで私も覚悟を決めることにしました。

もう一つのエピソードに、初夢があります。講習を受け、レイキティーチャーになったのが、二〇〇五年の年末でしたが、翌明けて二〇〇六年のお正月から、立て続けに三回の夢を見ました。

一度目は知っている人が出て、「私の事務所でレイキセミナーをやりなさい」というものです。お部屋を提供してくれると言うのです。まさか、と疑っていたら、翌日また夢を見ました。今度は数人の若い男女が出てきて、「さぁ！一緒にマンションを探しに行きましょう！」と言います。実際にエレベーターに乗るところで目が覚めました。

和歌山・那智の滝—落差 133 mある日本三大名瀑、飛龍神社のご神体である滝を祀り、滝に対する自然信仰の聖地

それでも疑問に思っていたら、またすぐ次の夢を見ました。今度はもっとたくさんの若い男女が出てきて、私をエレベーターに乗せようとするのです。「一緒にマンションを見に行きましょう!」と。

それにはさすがの私も、もう覚悟を決めるしかありませんでした。そしてすぐに不動産屋さんに行き、一か月が過ぎたころには駅前の便利の良いところが見つかり、ついに二〇〇六年四月にヒーリングルームをオープンしたのです。

そこで、はじめはレイキの伝授を主にさせていただきながら、たくさんの方々にお会いしてきました。これが私が独立に至った経緯なのです。

## レイキ・ティーチャーとしての日々

四年ほどの間で数百名の方へレイキの伝授をさせていただきました。マンツーマンでの熱のこもったセミナーだったと思います。私自身がレイキを使えるようになっての感動があまりにもすごかったので、皆さんにもぜひその体験をしていただけたらという一心でお伝えしました。伝授させていただいた方の喜びの声と、その方の変容する様子は、私にとって何にも勝る喜びでした。

さらにレイキヒーリングの研さんを積むと同時に、ますます深まってくるエネルギーヒーリングへの想い、人の意識の変容を願う強い気持ちを自分の中に感じた私は、チャネリングに挑戦することになるのです。それによってさらなる質の向上を目指すことにしました。

そうするうちに、自然とレイキ伝授の依頼が減っていき、自分で自由に編み出していたリーディングと、ヒーリングによるオリジナルセッションの方にシフトしていきました。するると、お越しくださる方々も霊的な意識が高くなり、より良い生き方を模索する真摯な方が増えていきました。

## 自分の使命を知る

レイキを受けて一年が過ぎたころ、私は本を注文するときはいつもネットで探してするのですが、その時はなぜか「本屋に行こう」と思い立ったのです。行っても見つからないだろうことはわかっていたのに、そのときに読みたいテーマの本を探そうと、近くの大きめな本屋に出かけていきました。

案の定それはどうやっても見つかりませんでした。

「やっぱりね……」と思い、諦めて帰ろうと向きを変えた途端、一冊の本が目にとまりました。たくさんある本棚の、たくさん並んでいる本の中の薄い文庫本にです。

それは『発達障害かもしれない』という書名で、つい前日に発売されたばかりの新刊でした。そこには「高機能自閉症」という、知能は高いけれどもコミュニケーション能力があまり得意ではない子供のことが書いてありました。

そう、それは長男の子供のころの状況と同じだったのです。自閉的でマイペース、人の情緒、細かい感情の襞《ひだ》のようなことがよく理解できない、また、間違ったことは見逃さないことなど、親の私と学校の先生とうまくいきにくかったわけがこの本でわかりました。

アメリカのカリフォルニア州にあるシャスタ山近くの滝―マクラウドフォールズのロウアーフォール
家族連れがたくさんいて、中には滝に飛び込む人も

そしてそれはスピリチュアルな見方をすると、〝インディゴチルドレン〟と呼ばれていることを少し後から知ることになりました。そしてまた、そのインディゴチルドレンたちをサポートしていくことが私のライフワークだと知ったのは、その一年後にスピリチュアルなセッションを受けたときでした。まさに「光の子供たちを導くティーチャーとしてのお役目」と言われたのです。

〝光の子供たち〟というのは、後に詳しく書きますが、それはインディゴチルドレンのことなのです。

## スピリチュアルな世界観を構築していくプロセス

こうして自分の使命、ライフワークがわかって、次々とさまざまなヒーリングのアプローチを学び、レイキ伝授やスピリチュアルカウンセリングなどのお仕事をしながらも、私はまた次の壁にぶつかりました。

元々が世話好きで過剰に人に関わってしまうことがあり、クライアントさんが言葉にしないけれど持っている願望までも叶えてあげようとするため、複雑な依存関係を持ってしまう問題を抱えていました。それを解消するためにも、もっと自分自身が変容し、止まることなく進化していかなければならないと考えるようになりました。

その間、さらに本格的に専門的なヒーリング法を学び続け、チャネラーとしての修行もしていましたので、チャネリングのメッセージを授けてくれる存在からの導きを強く受けて、二〇一〇年四月から、さらなる自己探究の道に進んでいきました。

その翌月、初めての海外旅行として、アメリカのセドナというパワースポットに一人で行くことになりました。前から憧れていたところなのですが、初めての海外旅行で、それもまったくの一人でツアーでもない無謀な旅行でした。今思うと自分でもよく行ったものだと思います。そこでは案の定、セドナのベルロックという赤い岩山の麓の森で迷子になり、迷路を彷徨《さまよ》うように一人で頑張って出口を目指しました。

最後の方では脱水になりかけてフラフラになったとき、気づきが起こりました。

「ああ、これは自分は弱い存在で誰かに助けてくださいと言えばいいってことなんだな」と。それに気づいたとき、不思議なことに、向こうから私をめがけて走り寄ってくる二人の若いカップルがいて、私を助けてくれました。カナダ人の方でした。

私はそれまで、人のことは助けてあげなければならない、自分のことは誰にも助けてもらえないものと思い込んでいたのです。そこに気づき、改善するために、わざわざ遠くアメリカのセドナまで行ったということのようでした。

この体験は、その後の私の方向性を一八〇度変えることになりました。戻ってきてからはなお一層、自分自身に向き合うことになりました。不思議なことにそこからはずっと、お仕事のご依頼がガクンと減ったのです。それまでは、結構忙しくさせていただいたのに、なぜだろうという気持ちが強くなって、誰からも必要とされないことに恐怖さえ覚えるほどでした。

しかし、その「誰かを助ける、誰かのために生きる」ということを強制的に止められる日々が続くことで、必然的に自分自身に向かうことになり、それが私自身の再創造、育てなおしともいえることになったのです。

実際の私の意識は、まったく何も動きがなくて、本当に焦っていました。焦るというよりか恐怖に近かったのです。目に見える変化がないどころか、停滞もしくは後退しているかのような感覚です。もはやこれまでなのかしら？　と思う日々でした。

そんな中、瞑想と月に一度の聖地巡礼を行い、国内の山にもいくつか登りました。アメリカの、これも素晴らしいパワースポットである「シャスタ」にも行きましたし、ネパールのヒマラヤの山々を見ながらのハイキングツアーにも行きました。このような行動によって、たくさんの霊的な真理に気づかされることになりました。

徐々にお仕事が増えて、新たなクライアントさんに出会う時、確実に私のヒーリングスタイルが変わっていくのを感じるようになりました。まるで自分がそこにいる！　と思えるような、自分に向かってカウンセリングをしているような感覚になるのです。自分に向き合えば向き合うほど、それに苦しみを感じながらも逃げずに取り組むことをすればするほど、その精度がより一層上がっていくようでした。それはまるで自分の中心にあるエネルギーを通すパイプがどんどんクリアになっていくかのような感覚です。

そしてこの数年で、私が学び得た体験からの知恵が必要な方が続けて訪れるという現象が起こっています。

あのもがき苦しんだ自己探究から四年が過ぎ、現在に至ります。その間、目に見えるような大きな変化はありませんが、内側はいつも充実していて、確実に進化してきているることを、クライアントさんとのセッションなどで感じ取ることができます。それはわかりやすくひと言でいうと、より深いチャネリングができるようになってきたということです。

ここまで自分を信じてやってこれたのは、私を守り導いてくれる守護霊の存在と、チャネリングを授けてくれる高次の存在のおかげでありますし、やはり訪れてくれるクライアントさんたちとの深い〝ご縁〟なのだと思います。

これは私が人を助けるのではなくて、私が人から助けられているのだということなのでしょう。人と人はどちらが助ける人で、もう片方が助けられる人という関係性ではなく、相互扶助なのだな、と心から思うのです。そういった気づきが私のオリジナルな基盤となって、まるで生まれ変わったかのような感覚になり、その後一気に物事が進み出しました。

あくまでも目に見えない、感じることでしかわからないことなのですが、実はこれからの新しい生き方につながっていく予感がしているのです。

そして、それがまさに〝女神として生きる〟ということなのです。

シャスタ、ハートレイクから見たシャスタ山
ハートレイクは小さなハートの形をした池のような湖で、写真に撮っても目で見えるようには写らないまるで別次元のような場所

# 第7章

# 母性の女神と
# インディゴチルドレン

## 翼を持った子供たち——インディゴチルドレン

先に書いたような世代間の連鎖に伴う親子関係が、長い年月をかけて世代間で繰り返されてきました。そして今、時代が女性性、共生へと変容する時代になり、そこに登場してくるのが、この「インディゴチルドレン」という概念です。

インディゴチルドレンとは、一九七五年以降に生まれてきた、高度に進化した宇宙から来た子供たちのことを指します。初期の方は八十パーセントくらいですが、一九八〇年以降からはほぼ一〇〇パーセントに近い割合となります。

その前の世代の多くは、「バイオレット」と呼ばれます。このインディゴ、バイオレットという色の名前は、魂の色に由来しており、インディゴチルドレンはインディゴブルーに見えると言われています。それはまた、魂の質も表しています。インディゴチルドレンは、この世界をより平和で豊かなものに導くために生まれてきました。言い換えれば、新しい時代を創造する魂を持つ人間と言えます。

よくあるインディゴチルドレンの定義には、何年以降に生まれているという区分がありますが、実はもっと前からそういう魂は生まれてきています。ただ、年代が新しくなるごとに役割や目的が違ってきていて、その目的に合うように進化しています。

なによりインディゴチルドレンとは、今の時代、そしてこれからの新しい時代に合った改革をするためのパワーを持つ人間なのです。つまりそれは、このターニングポイントともいえる時代に生まれ、真に豊かで愛にあふれた世の中にするためのリーダーたちなのです。


その中でも今回は、特に女性に的を絞って説明していきましょう。

古い時代、女性はその能力を発揮しにくい状況でした。そこにこのインディゴチルドレンとして生まれてきた女性たちは、親の持つ古い価値観に鋭く反応し、人によっては激しく、また人によっては静かにと、やり方はさまざまですが、古い生き方、価値観を変えるべく奮闘しながら成長してきました。

例えば、家に男子が生まれなければ、女の子が婿を取り家を存続させることを親から要求され、結果的に好きではない人と結婚することになるということが、昔から普通にありましたが、今はそういう価値観が薄れてきたのではないかと思います。実際に、小さいころからの娘の様子を見ていれば、とても婿を取って家を継げとは言えないような、そんな子がたくさんいるのではないでしょうか？

こういった、女性の人生を大きく左右する結婚や妊娠、またはもっと以前の、進路、就職なども親や家の都合で決めざるを得なかったことが、今ではかなり子供の自由になってきています。もちろん時代の流れもありますし、親世代の意識の変化もありますが、一番はそんなに単純に親の言うとおりにならない子供たちが続々と生まれてきているということだと思います。

こういう新しい意識を持って生まれてきた子供たちの存在が、社会全体や多くの大人たちの大きな意識の変化を起こしていく一つの要因になっているのです。

それはどういうことかと言いますと、育てる側の親や教育する側の教師からすると、言うことを聞かないので思うように育てられません。昔の子どもだったら嫌でも学校に行かないという選択はできませんでした。今の子供は、親からすると割と簡単に学校に行かないことを選択しているように見えます。それは意思がはっきりしているからです。嫌なものはどうやっても嫌、我慢すると自分が自分ではなくなる、ということをよく知っています。

それはもう、そういうふうにできている、そういうふうにしか生きられない、としか説明できません。そのように思い切った行動をとって、親や教師の古い価値観を崩すように迫っているかに見えます。「育てにくい子」「思うようにならない子」ではなく、「親や教師の方が古い価値観を手放しなさいよ、そうするともっと楽になりますよ」と教えてもらっているのです。

ただお断りしておきますが、そうはいってもインディゴチルドレンのすることに任せていったらこれからの世の中は一体どうなってしまうのか、という不安を持つ必要はありません。そんな特殊な人生というのではなく、ごく当たり前の日常、人生をより濃く、深く、より喜びに満ちて、独創的に、などというような発展、進化した生き方をしていくようです。

特別立派な、何者かになるのではない、いわゆる良い学校、良い会社に勤めて、女性なら良いところにお嫁に行って、ということに価値観を置くのではなく、普通の人生を自分らしく、自分の生きやすい生き方で、またユニークな感性を使って、楽に自由に楽しく生きる、ということを主な目的にしています。もともと目的が違いますので、思う通りに育てようとしてもどうにもなりません。結局は親の考え方を変えてみるように努力するしかありません。

## 地球が迎えるターニングポイント

多くの人たちの意識がインディゴたちのメッセージで変わりつつあります。そして、それによって社会全体が今、大きく変わろうとしています。メッセージとは具体的な言葉ではありません。〝想い〟といった方が正しいです。例えば、前述したように不登校や引きこもりなどもメッセージです。

不登校は、両親の問題を提示している以外にも、学校制度の問題を訴えている場合もあります。学校は一人の先生が何十人もの子供たちを教えていますから、どうしても一人ひとりの子供の個性を見て、そこを伸ばすという教育はできません。全体として統一するために、そこに子供たちを合わせていきます。広く浅くまんべんなく、なんでも良くできる、あるいはそこそこにできることを求められますから、個性の強い自分の感覚に忠実に生きたいインディゴチルドレンは苦しくなり、反発もします。

発達障害といわれる子供たちの中には、そういうメッセージを発している場合も多くあります。また、引きこもりですが、それは成人しても働かずに家に閉じこもって、生活の資金は親に頼っていることが多いのですが、それはどういう意味を持つかというと、両親への問題提起的な意味の他には、社会制度全体への反発と、そのシステムを壊す意図があります。つまり、学校で全体を保つための教育を受けて、会社の利益のために働かされることへの警鐘と、それは自分の人生を捧げることにもなり、父親の世代の企業戦士のような働き方はしない、という訴えでもあるのです。

現役時代は家庭を犠牲にして、好きなことも我慢して働いてきて、退職金を手にし、さて老後は好きなことを、と思っていたら妻とうまくいかず、家庭が崩壊していたことに気づいた、というような生き方、そこに反発しています。

仕事もそこそこに頑張り、家庭や自分の趣味を捨ててまでは頑張り過ぎない、というバランスを取ることを促します。母親に関して言えば、本心を隠して自分のやりたいことをせず、親戚や地域から良い嫁、良い母と思われるために我慢して生きて、それを娘にも要求する、そんなことにも反発をし、改革をしています。

インディゴチルドレンは、まず生まれた家、家庭、親を改革します。そこがうまくいくと、今度は自立をして、社会に向かって貢献していきます。

# 子供が消耗するわけ

親と子の関係で、子供に問題が起こって悩んでいる親は、まず親自身が気づかなければ事態は変わることはありません。何に気づかなければならないかというと、子供の多くが親を助けるため（癒し、守り、教え、導くため）に生まれてきていて、生まれてからずっとその使命を果たしているのに、それでも親が気づかない、変わろうとしない、子供の心の声を聴こうとしないことです。それを放置していると子供は「こと」を起こすのです。

この「こと」とは、親に気づきをもたらすためなのですが、もしくは、親の心の傷が深かったり、親自身が自分をがんじがらめにしていたり、「こと」を子供自身に問題があると思って、子供を変えようと強い態度に出ると、子供が非常に消耗して、さらに「こと」が重く複雑になるのです。

親を守り、助け、癒してきて、それでもわかってくれない場合、子供の持つ純粋なエネルギーが消耗してしまうことが、不登校や、精神的不安定さとなって現れます。ですから、そういう場合、親は意識を変えるという決意をしなければなりません。

自分の人生を自分で変えていくと決心し、人生の目的を思い出すべく、動き出していくのです。いつまでも子供に甘えて、現状が思い通りにならないことを、周りのせいにしていてはいけません。

子供を持って生きていくということは、自分が親からもらった「徳」を子供に渡し、「負」を自分のところで絶つということです。そうやって、未来へ光をつないでいくのです。間違っても、自分の持つ「負」を、子供に肩代わりしてもらおうとしてはならないのです。

さて、それではインディゴチルドレンの特性について、実際のケースからご説明してみます。

**例1）不登校……小学校、中学年・女の子**

小学校入学後から、徐々に学校に行けなくなり、保健室登校などをしながら過ごされています。早熟なので、大人が思っている以上に、さまざまなことを感じて理解しているため、親や学校の先生の理不尽さに傷ついています。

それは、例えば本当に子供自身のことを思いやっての言動なのか、学校であれば運営がやりやすいように仕向けているのかを敏感に察知します。それに対して反発するか、我慢しすぎて心身の状態を悪化させていくという二つのパターンがあります。子供同士の中にいては、子供の持つ無邪気さの中に隠れてある残酷さを見抜き、居心地の悪さを体験します。特にいじめられていなくても、いじめ以上につらい状態になるようです。

また、一番の原因は、お母さんの問題が大きく影響をしていて、お母さん自身の母親との関係、夫（子供にとっては父親）との関係をまるで鏡のようにして写し取り、親に見せています。父親が母親に思いやりを持たず、支配的なので、この女の子は無意識に、自分が母親の代わりに父親に叱られて、まるで母親を庇《かば》うようにします。それとはわからないようにするので、両親はお互いが向き合うことなく、ただ、子供が悪い、母親のしつけが悪いとなり、ますます母と子は父親から分離し、母子で心理的に密着します。

子供はそうやって家の中で過ごしますから、小さな心がひどく消耗し、疲れてしまいます。ですから学校に行っても、いろいろなことに興味を持ったり立ち向かう活力がなくなります。元々が繊細ですから、クラスメートや先生にも気を遣うことで、ここでもまた疲れてしまうのです。いじめとはいかないまでも、小さなトラブルも起こります。そしてそれにより学校を休みがちになるのですが、そのことに母親が心配したり悩みだすと、そこにまた気を使うので、自分が学校に行くとお母さんが心配する、だったら家にいてお母さんのそばにいた方がいい、というようになります。

どうしても学校では上手く過ごさなければならない、お母さんに心配させてはいけないという強迫神経症のようになるので、ますます神経が消耗していくというケースもあります。失敗するのが怖い、失敗してお母さんが悲しむのがつらい、お母さんが大好きで大切だから、という心理です。

対応策としては、お母さん自身が安定して生きられるように、自分自身の問題を解決していく努力が必要です。そして家族に対して穏やかに接することができることを目指します。家庭が安定すると、外に向かっていくパワーが生まれます。そこにお母さんが気づくようになれば、学校にも行くようになるでしょう。お母さんの癒し、変化成長のために不登校という問題を起こしているのです。まるでお母さんの教師役みたいなものです。

これからは、子供のことを宇宙から派遣された、留学生を預かっている、という感覚になってみてください。私はそのステイ先に選ばれたのだと光栄に思ってみてください。親子だけれど親子ではない、宇宙からの預かりもの、これだとしっくりくるかと思います。

このように子供さんを「今すぐどうにかせねば」という気持ちを解放すれば、子供はあっけなく、自分の行くべき道に向かって羽ばたいていくでしょう。

## 例2） 幼稚園の先生に反発する子供

幼稚園に通っているお子さんです。小さい時からしっかりしていて、自分の意思、好き嫌いがはっきりしています。また聴覚が敏感で、大きな音や人工的な音で不快なものにとても敏感です。

最初は悪くなかったお友達との関係が、クラス、先生が変わると、急にからかわれたり仲間外れになったりしたそうです。それでもたまに休むことはあっても、頑張って通園しています。

お話の中で担任の先生のことをうかがうと、とても厳しい、いわゆる管理教育をする幼稚園であり、主任先生という立場の先生なので、特に厳しいことに気づきました。つまりこの先生は、幼稚園全体をまとめる役目があり、それと同時に自分の受け持ちのクラスは特にしっかりとまとめなければならないという意識が強くあるということです。そのためには、子供一人ひとりの個性を育てる余裕はなく、園とクラスの目標に向かって日々の保育、教育をしていたようです。そこにこのお子さんは敏感に反応し、「わざと」ということではなく、おそらく無意識で反応しているのですが、あえて先生の指示通りにやらないようなのです。

そしてそれは、個性を無視した教育への反発であり、それに反応して行動を起こしています。そしてその幼稚園は、園児のお母さんたちにとって、良い子として教育してほしいという願いを汲んだ教育であるのです。

例えば、運動会やお遊戯会などでは、しっかりとした態度で、真面目にきちんと運動や演技を行い、親の目を楽しませ満足させるという趣旨であるように思います。園児のための教育ではなく、親が喜ぶための、そしてそれによって幼稚園の評判が上がるという親と園側の利益が優先であるということなのです。

そこにこのお子さんは敏感に反応し、勇敢に一人で立ち向かっています。恐らくやればちゃんとできる能力はありながらも、何か心の奥底から抵抗するような気持ちを感じ、あえて失敗するとか、人の邪魔をするとか、そういった問題行動をとっているようなのです。親御さんは先生から注意を受けますから、何とかして「普通」にしようと思い、いろいろなことを試した結果、私のところにご依頼されてきました。

リーディングとヒーリングをしてみて感じたことは、このお子さんには何一つ間違ったことなどなく、何も変えなくてもいいということだったのです。「そのままでいい」ということで、変えてほしいのは幼稚園の先生と、その意見に影響を受ける親御さんの意識です。ただし、このままでは本人が疲れてしまう恐れがあるので、そういう意味ではあまり追い詰めず、先生やクラスの子供たちの意図することをわかるように説明してあげることが大事です。

つまり、本人は深い無意識からまるで突き動かされるように行動しているので、やりたくて邪魔をしているのではないのです。「あなたが悪いのではない、誰も悪くはない、ただ、みんながあなたのように純粋ではなく、それほど敏感に感じないから、だから違和感があるのよ」ということを言ってあげてみてください。お母さんは、一番のお子さんの理解者で、味方であるようにいてください、とアドバイスさせていただきました。

このようにインディゴの子供たちは、昔の価値観の基づいていては到底理解できない、とても進化した意識を持っているのです。私たちはもっともっと新しく意識を変えていく必要があると思います。

## 聖母マリアの母性に導かれて

今年の一月ころ、そろそろ、年に一度になって来ている私が自主的にやっている「海外研修旅行」の場所や時期を決めるころだなと思い、よく利用している旅行社のサイトを見てみました。サーッと何気なく探していたら、「やっぱりここか！」というように目にとまったのが〝イスラエルツアー〟。

二〇一三年、メキシコのマヤ遺跡に行く際に、ここどちらにしようか迷い、政情や国際情勢を考えてメキシコの方が安全だろうということになったのですが、あの時の私にはまだ準備ができていなかったのだろうと思います。

今回、イスラエルに行くのかもしれないと思いつつも、未だ紛争もある危険なところに本当に行ってもいいのか？　行くとしたら何のために行くのか？　と自問自答をしていました。そんな中、後押し的な出来事が続きました。

まず、夫がテレビの番組「一三七億年の物語」のシリーズの「イエス誕生物語」という内容を、「おもしろそうだと思って」と見ているではありませんか！　旅行会社のサイトのイスラエルツアーのコースに乗っている場所が次々と映ります。

「面白そうって……あなたはいつからキリスト教などに興味を持ったのですか？」

突っ込みたくなる気持ちを抑えて、黙って一緒に見入りました。

そのテレビに映し出された場所は、コースに記載されている文字を見ただけではわからなかった光景を、衝撃と共にリアルに見せてくれました。行っても大丈夫ということなのかもしれないと解釈しました。

そしてその数日後、ピアニストである長女が、知り合いのソプラノ歌手さんのソロコンサートの伴奏をするというので、楽しみにして聴きに行きました。このコンサートの曲のひとつに、カッチーニ作曲の「アヴェマリア」がありました。

聴いているうちに感動して、涙まで浮かびました。ずっと、「アヴェマリア……」という歌詞だけで繰り返し歌い続けるものなのです。私の心の中ではキリストとその母・マリアのエネルギーで溢れるほどになりました。

私は特定の宗教は持っていません。それこそ神社もお寺もなんでも行きますが、去年、メキシコに行った時に、二つほど感動した教会がありました。メリダという小さな町に建てられていた教会の、一つは木でできたキリスト像で、もう一つは真っ白なマリア像がある教会です。

見た瞬間、思わず泣きそうになりました。それがなければキリストにもマリアにも、教会にも関心が持てなかったと思います。それでコンサートでアベマリアを聞きながら思ったのですが、私がもしイスラエルに導かれていくのなら、殉教者の魂を癒すためなんじゃないのか——私にはキリスト教関連の過去世があるのですが、今やっとそれらを癒す時が来たのではないかと、その時はそう思いました。

それで、コンサートから帰って、どうしてもあのカッチーニのアヴェマリアが気になって、ＣＤを購入してみました。そして、届いてすぐに夢中になって、一日五、六回を何日も続けて聴いてしまいました。素晴らしく癒されるのです。「聖なる母の愛」というものをこの曲から感じました。

そして、年が明け、二〇一四年になりました。イスラエルツアーを迷いながらも申込みに至らず、そのままになっていました。その後少しして、もう一杯になっているのだろうな、と思いながらサイトを覗くと、案の定もう一杯になっていました。でも、キャンセル待ちとなっていたので、ダメもとで申し込みをしてみました。これでもし空きが出たら、行ってもいいということだろうと思って。すると、二週間くらいたったころ、旅行社から「お席がご用意できました」と連絡を受けました。

「ああ、これで行ってもいいのだ」という許可を自分に出すことができました。

このことと前後して、こんなことがありました。一年半ほど前から、数カ月の期間を開けて、セッションを受けてくださる方がいらして、その方からのご依頼でヒーリングとリーディングをさせていただいていたのです。そのご依頼の内容が、めでたくご妊娠されたのですが、状態が不安定で、流産の恐れも出てきたということでした。その理由や対処法をということでさせていただきましたら、その結果は、その方が世の中の役に立つ、人の救済を目的にして生まれてくる魂を宿すことになっていて、それに対する準備がまだ整っていない、そのために意識の向上をするように、というような内容でした。

突飛《とっぴ》な内容だったため、それをそのままお伝えしてもいいものかどうか、私自身にも少しためらいがありました。ですが、ご依頼くださった方はできる範囲で懸命にご理解され、やってみるとのことでした。

そんなことがあったため、私はイスラエルに行ったときに、最初に向かった「受胎告知教会」では思わず祈らずにはいられませんでした。

「世の中の子供さんを望むすべての女性に、良い子をお授けください」

キリスト教式にひざまずいて、手を組んで祈りました。この受胎告知教会は、二〇〇〇年も昔に、聖母マリアが大天使ガブリエルから、神の子を宿したことを伝えられた場所です。教会の中に一歩足を踏み入れた時に、あまりの神聖さに体が震えるような、そんな感動を覚えたことが、まだ昨日のことのように覚えています。

私にとってイスラエルを訪れたことは、今回この本を書くにあたって、必要な流れでした。実際にマリアが存在していた場所に立てたことは、何物にも代え難い経験だったのです。

私は神社にもお寺にもどこにでもこだわりなく行きますし、特定の宗教を持っていません。ただ、中学生の時にキリスト教を信仰している人と縁があり、何度か誘われたりもしましたが、そのつど強く抵抗を感じ、お断りしたり、その方を避けたりしていました。それなのに、去年の暮あたりからなんとなく、聖母マリアとイエスキリストが気になりだしたのです。

三月末にイスラエルから帰ってきて、少し経って落ち着いた五月の連休に、今度はこれもまた不思議な導きがあり、九州の、それも長崎に行くことになりました。長崎もたまたまでしたし、特にどこに行きたいとかはなく、夫がガイドブックを見て決めてくれたのが「日本二十六聖人殉教地」でした。

イスラエル・受胎告知教会―聖母マリアが大天使ガブリエルから神の子を授かったと知らされた場所、この写真から“女神のパワー”を感じてみてください

「ここに行ったらいいんじゃないの？」

「ふーん……」という感じでしたが、行ってみて驚きました。

子供（十一歳から十三歳）の男の子が三人混じっていました。この場所に立った時、何とも言えない気持ちに包まれました。そのあと行った大浦天主堂では、この二十六人の殉教者たちを慰霊するために立てられた教会であることを知りました。

キリスト教の聖地に行き、今度は日本のキリスト教伝道の地に続けて行ったことが、なんとも感慨深く思うのです。

## 聖母マリアのように

二〇〇〇年も前のことですが、この地上にそういう神の子を宿した女性が存在していたこと。聖母マリアがいて、キリストが生まれたということは、現代の私たちが住む日本においても意味があるように思います。

キリストは三十三歳で、民衆の罪を償《つぐな》うため、身代わりとなって磔《はりつけ》になりました。その時、マリアは近くまで来ていたそうです。十字架を背負って刑に処される場所——ゴルゴダの丘への道——ビアドロローサ（悲しみの道）には、マリアとキリストが会った場所があります。私はその場所に立ち、この写真にあるレリーフを見た時、そしてキリストが三日後に復活した墓所に立った時、それらの感慨は何とも言えないものがありました。

そんな体験から私は、キリスト教を信仰することではなく、マリアのような愛、すべての人を平等に愛する、それも自分がでしゃばるのではなく、黙って見守り、必要な時だけ手を差し出す、そういう愛を学び、近づく努力をするということが大切だと実感しました。

それはとても難しい高度な愛の実践なのですが、これからの未来、私たちがより安定し、喜びに満ちた生き方をするためにも、また、今後生まれてくるであろうより高度な愛を知っている子供たちと共に生きるためにも、母性愛にあふれる女神として生きることを目指していけたらと思うのです。そして、そんな女神がすべての男性一人ひとりの側に寄り添っていたら、この世界はどれだけ豊かになるか、と想像するだけで楽しい気持ちになります。

前述した、流産の恐れが出た方に「世の中の役に立つ、人の救済を目的にして生まれてくる魂を宿すことになっていて、それに対する準備がまだ整っていない、そのために意識の向上をするように」というメッセージがありました。それを受けて、その後すぐにイスラエルに行きました。帰国してすぐに長崎に行き、そして熊野に行き、伊勢神宮にも行きました。それはまるで、私にまず聖母マリアの意識を受け取るようにということで、それを持って日本の聖地に行き、日本に定着させるという意味があったように感じています。

この流れは本当に、自分の意志だけではなく、流れに乗ったという感覚なのです。

一連のことには意味があります。それはとてもスピリチュアルな話になりますが、どうやら今後、さらに進化した魂を持っている子供たちが生まれてくるようなのです。なぜかというと、やはりこれもセッションの依頼を受けて、そこで受け取ったメッセージによるものだからです。

私の最近のセッションでは、個人の悩みごとのご相談を越えて、「今後の女性の生き方」を共に考えるという意識を持った方（それはもちろん無意識なのですが）が、私に高次元からのメッセージを共に受け取るために来てくださっているのです。

私一人での瞑想によって受け取るメッセージではなく、ご相談者が自身の人生の節目に訪ねてきてくださって、真剣にお話をして共に心を合わせてメッセージを受け取る、そんな姿勢で受け取ったものはインパクトが違うのです。

そして、そんな魂の進化した子供たちが生まれてくるためには、お母さんになる人たちの心身の浄化、意識の向上が必須なのです。なぜかというと、生まれてくる子供が霊的にとても優れているため、母子の意思の疎通が難しくなる可能性があるからです。物質的な満足ではなく、心の底から満足するような喜びのために生きることを、私たち大人世代に促すことを目的にして生まれてきます。ですから、こちらがその準備を整えないと、生まれてくることができません。そういう意味で、この文章を読んでいただくと、より心に響くかもしれません。

〝インディゴチルドレンたちのメッセージを理解し、自分の中に確実にある母性を育てていきましょう。自分でも生きにくいと感じていた古い価値観を手放し、自分の感覚に正直になって生きていきましょう。母性の女神として生きることを目指していきましょう〟

エルサレム・ビアドロローサ―キリストが十字架を背負わされゴルゴダの丘まで歩いた道で、マリアが群衆に交じってイエスを見た場所

# 自分の中にある神性を受け入れる

私は、どんなことも全てエネルギーで感じるので、自分にとって良いと感じるものを信じるだけです。ですから、予期せず心がウキウキしたり、温かくなったりするというそんな感覚を大切にしています。

必要と感じれば、神社にもお寺にも行きますし、そして今年は教会にも行きました。感じて行ってみて、そしてさらに全身を研ぎすまして感じてくるのです。

皆さんも、例えばお寺では観音様、神社なら木花開那姫《このはなさくやひめ》、天照大御神《あまてらすおおみかみ》、教会なら聖母マリアなど、実際に自分が行ってみて心惹かれる存在を信じ感じてみるといいと思います。信じるということは、守ってくださっていると強く思い、そこに感謝をするということなのです。そしてその存在と自分とは、どこかでつながっていて、自分の中にも神のような神聖で尊いところがあると思ってみてください。

その神聖で尊いところは、自分と自分の大切な人を愛し守るために、必要なエネルギーを与えてくださるのです。それは、自分だけ良ければいい、という欲のために使わず、みんなを愛するために使うのです。すると、すべてのことが円滑に回り出していきます。

イスラエル・受胎告知教会の建物—白く優しい雰囲気の建物、外側にはマリアに関連したレリーフがあり中庭にも各国から贈られたマリアの絵が飾られている

「女神として生きる」といっても、けっして難しく堅苦しいことではありません。素直な気持ちで自分の中の神性を信じ、周りの人と共に幸せになっていこうとするだけのことなのです。

そして、あなた自身が「母性愛そのものの存在になる」のです。それで、そんな雰囲気を持って、そこにただ存在しているだけで、何もしなくてもよいのです。そして誰でも、どんな人でも、黙って受け入れる……母性の女神という感じになるのです。

## 愛の力を高めるために

　愛には段階的に、性愛・慈愛・慈悲という三つの種類があります。最初に人を愛するのは、肉体を通してです。

　例えば、異性に惹かれる時も、顔とかスタイル、他にはセクシャルな部分でその人の醸し出す異性としての魅力から好きになるのだと思います。そういうエネルギーを司っているのが、チャクラでいうと第一と第二チャクラです。人が人を好きになる時は、どうしてもここは欠かせません。母と子であっても、母親の肉体を通して生まれてきて、授乳も肉体が密接につながることなのでやはり肉体を通した愛なのです。

　ところが、私の親の世代（八十歳前後）の人たちは、子供時代に戦争を体験していますから、食べること、生き抜くことに必死だったので、抱きしめられて安心する愛や、優しい言葉で安心する愛、父から、母から、護られていることが実感できる愛など、そういうものからは遠かったのだと思います。

　その上の世代の祖父や祖母も自分自身が生きることで精一杯で、そして子供たちを飢えさせないことに必死でした。激流の中を親子が離れないように、飢えないように、とただそれだけを思って生きてきました。そんな時に小さな子供がわがままを言ったら、相手にされないか、恐らくひどい折檻を受けたのだと思います。

両親は食べることに日々必死で戦っていて、でも、バースコントロールをしないためにドンドン子供が生まれて、上の子供が下の子供の面倒を見るのはあたりまえでした。その際上の子は愛を充分に受け取れていないまま、幼い兄弟姉妹を育てようとするので、育てる方も、育てられる方も、きっとつらかったと思うのです。そんな背景が私の両親の世代にはあります。

これを読んでいる方々が二十代、三十代であれば、その祖父母の代が私の親と同じだと思います。世代が下がるにつれて、それは薄まっていくのですが、肉体を通した〝愛〟さえも両親の世代にはまだ完成していなくて、そのために〝慈愛〟のレベルに到達できないのです。

母世代の、条件付きの愛はまさにそれです。自分が満足していないので、人に尽くしてもザルに砂を入れたように、ザザーッと流れ落ちてしまうため、さらに尽くす、それでも満足できないと繰り返します。

そこで私たちが目指すのは、肉体の愛はもちろん、それを超えて慈愛に、そしてもっと先の慈悲の愛へと進化させていくことです。思うに、私たちの思う夫婦愛と、両親世代のものとは違うのではないでしょうか。自分の気持ちをストレートに伝えられず、思っていることと、願っていることと反対のことを言ったりやったりして、心が屈折しています。

男性の方がコミュニケーションがあまりうまくないこともあり、なおさらそういう傾向になります。それに女性が反発し、夫は私のことをどう思っているのだろうか、愛してくれているのだろうか、と自分の中だけで悶々とし、そのうちひねくれてしまいます。

そして、もっとひどくなるとややこしくなってきて、子供や周りを巻き込み、夫にきつく当たる、もしくは仲間外れにするという意地悪な行動をとり、自分に相手の関心を引き付けようとします。あるいは攻撃してコントロールするという方法を使います。

どうも日本の夫婦関係にはそういったことが根底にありそうです。いったい何が足りないのかというと、〝愛されている〟という実感です。そのことを精いっぱいの言葉と態度で伝えていくことが大事なのです。それには照れやメンツを捨てることです。「言わなくてもわかるだろう」なんてナンセンスです。

愛を感じたかったら、やはり意識して努力をする必要があるのです。

## 真の幸福を得るために

真の幸福を目指す人が願うのは、深い心の底からの満足感、至福感だと思いますが、その際に必要になってくるのは、目に見えないものを感じる力です。

目に見えないものを感じることができないと、誰が見てもわかる、目に見える、ハッキリした結果のみを求めていくことになります。これが古い世代から受け継いでいる価値観です。

若い世代の方で、今がすっきりと生きられない、生きにくいと感じている場合は、親の世代から受け継いでいる古い価値観という着ぐるみを被っていることが多いのです。父母の世代は、祖父母の世代よりは大分進化してきているとはいえ、まだまだ古い価値観が無意識の中に生きています。若い世代とは、その意識の新しさに関しては、雲泥の差があります。その古い価値観で生きることに、小さいころから違和感を感じて来ていても、親を助けたい、幸せにしたいと願って生まれて来ていますから、その結果が出せないことによる罪悪感、未達成感で、その先に進めなくなっています。どうしても古い世代の価値観の着ぐるみを脱ぎ捨てられないのです。着心地の悪い、古く小さくなってしまった洋服を、いつまでも着続けているようなものです。

そうやって不本意ながら親の意識を受け継いで生きていると、「目に見えるものでしか幸福感を得られない」と、どこかで信じている部分がありますから、親に喜んでもらうために「もっと、もっと」と目に見える結果を出そうと頑張り続けます。頑張って、頑張って、心身を病むまでやり続けます。

「もう嫌だ！」「もう無理！」となってから、その人の変化と成長が始まります。

誰にでもわかる結果を求め続けていく場合、それが得られても、しょせん物は物ですから、深い満足感と至福感は今ひとつです。ですから、「もっと、もっと」と求め続けて行きます。もっと頑張れば、きっとすごいものがあるのではないかという欲求です。

物質的なものは、誰の目からもわかることなので、それを達成した方がいいと思ってきたのですが、それは他者から認められることによって、自分を認める、ということなので、やってもやっても、他者には認められても、自分で自分自身を認められないと、いつまでたっても深い満足は得られません。自分が喜ぶ本質的な喜びは、自分で自分を承認することでしか得られないのです。自分の内側でしかわからない、自己承認した上でしか感じ取れない満足感であり、至福感なのですから。

# 第8章

# 女神性を
# 高めるための方法

## 愛の発達段階を知る

さて、それでは、私がこれまでの経験で得たことから気づいた、自分や人を理解する方法を書いてみます。

女神性を高めていく方法の一つには、「愛の力を高めていく」ということがあるのですが、そのためには、ただ闇雲に人に親切にしたり優しくしたりすればいいわけではなく、取り組み方、考え方、コツがあります。

人と人との関係において、よく「好き」という言葉が使われますが、その「好き」という気持ちには、実はさまざまな精神性が混ざっているのです。それを六つのレベルに分けて説明してみます。

①赤ちゃん……自分の願望、気持ちをよく理解してくれて、自分を苦しませることなく叶えてくれる、お世話してくれることを望む精神性があります。

そうしてくれる人なら好きになるというレベル。

②幼児……自分をなりたい自分にしてくれるという憧れ、期待などを投影している。甘え

があり、自分で何かをしようとは思わない。

③反抗期……憧れの相手に近づくために努力を始めるが、途中で好きだと思っていた相手の欠点ばかりを探すようになる。

④自立……最終的には自分が自分を好きにならなければ（肯定しなければ）願いは実現しないため、そこに気づくと、自分を肯定しながら自分育てを始める。試行錯誤しながら、うまく行ったりいかなかったりを繰り返す。この段階では、自分の学びにあった相手と出会いやすくなる。

⑤成長……他人を通して自分を高めようとする。人に関わっていく中では、行き過ぎると相手を操作することになる。相手を自分の思う通りにすることが人を救うこと、自分を救うことだと思っているので、経験していく中で相手から教わることが多い。ある程度の結果が出てくる時期。

⑥成熟……ここの矛盾に気づくと、次は本当に自分に向き合わざるを得なくなる。「自分を純粋に好きになることが人を真に愛せるようになる」ということに気づく。深い愛のレベルを学ぶ段階に入っていく。

何だか人の一生のようですね。これは実際には大人になっていても、その人の中に潜む未熟な人格があるということです。ですから、一見しただけでは人の中身はわかりません。人を見る時は、その人の言葉よりも行動を見るといいのです。その人の、今現在起こっていること、それに対する態度や状態が、その人の心と魂の発達レベルであり、本当の意思、気持ちだということです。口でどう言っていても、現れる態度に真意がこもっているのです。

このように感じたことはありませんか？　相手は私のことを好きだと言っていたのに、自分にはどうしても好かれている気がしない、相手の本気の愛を感じられないということ。

これは愛にはレベルがあるからで、「好き」という気持ちは、人それぞれのレベルがあって、どの人も同じということではないのです。この愛のレベルが違う同士が交流をすると、例えば、片方はレベル①の、何でも自分の言うことをそのまま聞いてくれる人が優しい人と思っていて、もう片方はレベル②の、相手を自分の理想の相手に当てはめて、「こんなふうになっていけば」という自分の思いを勝手に押し付けていたとしたら、なかなか思うような愛の交流はできません。

お互いが自分の条件を強く持ち、こうでなければ愛されていると思えない、こうでなければ愛せない、というレベル同士なので、お互いのエゴがぶつかります。その場合、レベル②の方が①の方の状態をよく理解し、相手の立場や気持ちを理解できるように根気強く向き合っていきましょう。「赤ちゃんだからこちらが腹を立てても仕方ないか、でも甘やかしすぎはいけない」と理解するといいのです。

このように、これらの段階を経て人は成長していきます。人格を高め、魂を磨いていきます。一気に高まることはなく、一つひとつのレベルを丁寧に学び、クリアしていくといいでしょう。それによって自分を取り囲む環境が変化していきます。つまり願望が叶うということです。

最終的には自立から成長、成熟を目指すという取り組みをしていくため、これら一つひとつのレベルが終わるころに一つの節目がやってきます。ここをどう生きるかが大事で、一つのチャンスと捉えると良いのです。この意味が分からないと、スムーズに次に行けないこともあります。

また、「好き」のレベルが同時にいくつも混在していることもあり、それは未熟で成長しきれていない人格（インナーチャイルド）であり、そこを拾って丁寧に育てていくのがコツです。

レベル②にある投影とは、「鏡の法則」のことで、自分で自分のことをしっかりと自覚していないと、自分の潜在意識の中にある意識が浮き上がってきて、それが身近な人を通して自分に映し出して見せてくれるということです。

例えば、家族や友人、同僚で嫌な人がいれば、それは自分の中にあるものが映し出されて自分に教えてくれているということなのです。つまり、この譬《たと》えでは、レベル①と②が交流すれば、というものですが、一歩先に進んでいるレベル②の人が、自分の中にもあったエゴをレベル①の相手が見せてくれていて、一度学んだことをさらにおさらいして確かなものにし、愛の力を強くして、次のステップに行こうとしているということなのです。

物事を成し遂げるためには、技術を習得し高めていくのはもちろんですが、どんな意識をもっているかや、実際に実践・行動することが大事です。口でわかったことを言っているのは頭で理解しているということで、本当は心に深く降りていることが大事なのです。そうなるにしたがって理解度が深まり、現実も必ず変化していきます。それはもう面白いほどです。

人生がどうやっても空回りして思い通りになりにくい場合は、一度自分をこの六つのレベルの内のどこにいるかをよく理解して、それに合った「自分育て」をしてみてください。

赤ちゃんのレベルが潜在意識の中にある人の場合は、意識できる部分では良かれと思ってやっていても、無意識の目的が「自分が苦しみたくない」ですから、やってもやってもそのことがうまくいかない場合があります。そのような時は、いったん人並みを求めるのをやめて、赤ちゃんの部分を自分で認めて育てなおしていく必要があります。

表面の大人の意識との差が激しい場合は、自分でそのことに気づけず、意識が混沌としています。その場合は自分を被害者にしやすく、過剰に憐れみ、他人のせいにしようと躍起になることがあります。

幼児のレベルの場合、赤ちゃんレベルよりも少し知恵がついているので、一足飛びになりたい自分になろうとします。例えば、アイドルに憧れてその度合いが過ぎて現実を生きられない人がいます（普通の人を愛せない）。必要な努力をショートカットして、望むレベルに行こうとしているので、いくら行動してもその差は縮まりません。

反抗期レベルは、中学生のレベルの意識があるということで、なりたい自分を人に投影するところから始まり、その人にかわいがられようと努力をするうちに、段々とその差が縮まったかのように見えるのです。実は、その人のお陰だということに気づけないために感謝できないので、努力したつもりでも空回りしがちで、上手くいかないことをその人のせいにして、人間関係を複雑にし、場合によってはトラブルをよく起こします。

自立のレベルは、高校生・大学生レベルです。自分の世界を見出し、そこに没頭し楽しみます。いろいろな可能性を模索し、それによって学べるので成長もします。

成長は、社会人のレベル（なり立てから五十歳手前くらいまで）。例えば子育てでは、子供を大きくするとか立派に育てることを目的にして、自分を表現します。仕事では会社で業績を上げることで認められようとします。比較的目先の結果を上げようと頑張る時期です。

成熟は、子育てが終わるころ、もしくは仕事が一段落する頃です。ある程度収入的にも安定しますので、向き合うべき事柄が変化していきます。その流れが理解できないと心身のバランスを崩しがちですが、スムーズにいくとより良い人生を送ることができるでしょう。この段階では、若い時と同じようにがむしゃらに動いても、効果、結果は得にくいでしょう。一歩退き、若い人や子供の意見も聞き、頼りにするように意識していくと、意外なほどに周りから頼られ、支えられるので、精神的に安定し楽に生きることができます。この段階まで来ると、女神として生きるレベルに到達します。

このように、同じ「好き」という言葉でも、使う人の愛の深さのレベルによって、ニュアンスが変わってきます。ですから、そこをよく理解して人と付き合うといいでしょう。これは年齢や社会的地位とは比例しません、若い人でも愛のレベルの高い人はいますし、年長者でもそれほど高くない人もいます。

一つの考え方として、こんな例をあげてみます。

同じくらいの年齢の友人、同僚がいたとします。または気になる異性でもいいです。その人のことは好きなのですが、どうも相手が幼いようで、自分がしてあげたことに対して同レベルのものが返ってこない、反応が薄いと思う場合です。

精神的なレベルが①の赤ちゃん、もしくは②の幼児で、あなたが⑤の成長レベルだったとしましょう。あなたの⑤レベルですと、食事であれば、中華料理のフルコースになります。対して、赤ちゃんレベルは、母乳ですし、幼児タイプは離乳食や幼児食なわけです。その幼児食を食べている子供にいきなり中華料理を食べさせようとしても、それの味をわかってほしいと思っても、それは無理というものです。ですから、丁寧に母乳、離乳食、幼児食、普通食の食べやすいものを順を追って勧めていくのです。

幼稚園児に「高校生の問題をやれ」といっても無理なのと同じです。相手に伝わりやすい言葉や表現を選び、根気強くかかわっていくのです。そういう学びをしていくうちに、

イスラエル・ガリラヤ湖の朝日―イエスが布教活動をしていたこの湖周辺で、いくつかの教会が建てられている、ここで獲れる魚が名物料理

自分も相手も学びのレベルを上げていき、好きという愛の気持ちが成長していくので、楽に交流することができるようになっていきます。

相手を無理やり自分のレベルに合わせようとすると、相手がまず拒否反応を起こし、スムーズな交流がしにくくなります。

「好き」という気持ちは同じなので、そこを忘れず大切にして、相手と向き合っていくことで満足できる結果になるでしょう。

## インナーチャイルドの癒し

内なる子供心を知り、癒すことを「インナーチャイルドの癒し」と言います。

男性の子供心を知り、育てていくためには、まずは自分自身の子供心を理解して、癒してあげることがとても重要です。「インナーチャイルドの癒し」というセラピーの方法なのですが、お勧めの方法をご紹介します。

自分でできる簡単な方法です。

☆始める前に☆
お部屋を暗くしたほうがよければ、昼間ならカーテンを引いて、薄暗くしておきましょう。アロマオイルを使ったり、暗い照明をつけてもいいでしょう。あなたが十分落ち着けるような環境を設定してください。

ぬいぐるみや枕、あるいはバスタオルをクルクルとまとめて抱っこします（子供に見立てる）。

☆何を癒すかを決める☆

小さい時のことでしばしば思い出されること／これまで繰り返し思い出していたシーン／父親、母親との関係／家族の誰か、もしくは自分が入院などで一人になったこと／家庭で起こった大きな出来事／子供のときのこだわり／自分の妊娠中・出産時の出来事で、聞いていること／幼稚園、学校、先生、友人のこと／苦手なこと／それとは反対の、とても楽しい思い出……。

このように〝癒す〟テーマを決めます。これは自分の思い込みを手放せる有効な方法です。その当時の、その瞬間を新たに体験することにより、さまざまな〝気づき〟が起こります。つらい記憶が、気づきによって貴重な体験だった、実は幸せな子供時代だったというように塗り替えられることもあります。また、自己価値も上がります。

☆イメージの仕方☆

椅子かソファーに座り、全身の力をできるだけ抜き、リラックスしてください。

軽く目を閉じ、お腹に手を当て、ゆっくりと腹式呼吸をしていきます。鼻から息を吸って、鼻から吐き出します。リズムとしては、四カウントで吸い、四カウントで吐くといいでしょう。

あなたは今、広い草原のお花畑の中にいる、と思ってみてください。周りには色とりどりのきれいなお花が咲いています。気持ちのいい風があなたの頬を撫でていきます。とても気持ちよくリラックスしています。そして、あなたはそのお花畑の真ん中に座り、一本のお花を見つめている……このようなイメージをしていてください。

これまで、大人になった今でも時折、繰り返し思い出す幼いころの思い出はありますか？覚えていたらそれを思い浮かべてください。もしなければ、幼い時のアルバムを見て、その中で一番印象的な一枚を選んでください。

その時の自分の表情から思い出せる限りのことを思い出してみましょう。うれしかった、誇らしかった、楽しかった、もっとこうしたかった、こうしてほしかった、悲しかった、寂しかったなどなど、いろんな気持ちを思い出します。小さい時には気づかなかった感情を思い出すかもしれません。

そうしたら次に、その子供の自分の姿に注目していきましょう。

例えば五歳の時のことだったら、その時の自分に戻る感じです。

「こんにちは、いい子だね」「かわいいね」などと声をかけてみます。そしてイメージで抱きしめてみます。抱きしめるのができなければ、ただ隣にいてもいいですし、頭や肩、背中に手を置き撫でてみたり、手を握ってみてください。これらはすべてイメージで行います。

できたら、さらに子供の自分の気持ちを深く感じていきます。悲しい思いをしていたなら、どうしてあげたらいいのか聞いてみます。「そうなんだね」と、ただ肯定してあげてもいいでしょう。子供の自分に対して、大人になった自分が、まるで理想のお母さんになったかのように、大人の自分と子供の自分が対話しているという感じでおこないます。

そして最後にこう言ってあげてください。

「これからもいつも一緒だからね。ずっと守ってあげるよ。大好きだよ」と。


このように〝癒し〟を時々行うことにより、いつの間にか、わけのわからない感情に左右されて不安定になるということがなくなり、穏やかで落ち着いた自分になっていきます。こうすることで、年齢相応に成長した大人である自分に、置き去りにしていた未成熟な子供の自分が追いつき、一つの大人の人格として統合されるということになるのです。

## 五感を高め磨く

五感とは、目、耳、鼻、舌、肌という感覚器官を使って、見る、聞く、嗅ぐ、味わう、感じる人間の能力のことをいいます。それぞれの感覚を伸ばす、研ぎ澄ませるということは大切です。

目の感覚を高めるには、きれいなものを数多く見ることです。自然の豊かなところで山やそこにある木々、草花を見る。他には美しい絵を観るなどもそうです。耳は、きれいな音楽を聴くことですが、自然の音、波の音や川のせせらぎ、風の音、鳥の鳴き声などもいいでしょう。あるいは無音……静かなところで過ごすこともとてもいいです。

鼻は良い香りを嗅ぐことですが、その際、自然のもの、自然からできたものがベストです。人口の香りではなく、自然由来のものをお勧めします。アロマオイル、意外なところでは、カツオや昆布などの出汁もよいでしょう。

味わう感覚は、おいしいものを食べることですが、その際、高級なものである必要はなく、香りとも共通しますが、人工物ではないカツオ出汁《だし》で煮た煮物などや、新鮮な野菜で味付けが繊細で薄味なものを選んでください。

肌感覚では、刺激の少ない肌着などはもちろんのこと、スキンシップや、他には穏やかな感情で生きるなどもそうです。

反対のことを書くとわかりやすいかと思いますが、もし、家の中がごちゃごちゃとしていて、置いてあるものが暗い色だったり、調和がとれていなかったり、そしていつも大きな音でテレビや音楽がついている（ゲーム音ばかり）、大声で怒鳴り合っている、清潔でない部屋、服で悪臭がする、またはタバコの匂いが充満している。いつも味の濃いものを食べている、インスタント食品が多い、洗濯が行き届かずお風呂にもあまり入らない、また肌や心の触れ合いのない生活……これらを想像したら、どんな生活になるか、またはどんな心持になるかということがわかるかと思います。

五感を高めていくと、とても繊細になります。心地よいことに敏感になり、そうでないことを避けるようにもなります。つまり無理をしない、無理ができなくなります。心身をいつも健康に保つことがしやすくもなります。もしどうしても避けられないストレスにあっても、すぐに平常心に戻れます。

そして、そんな感覚を育て大切にし続けて行くと、だんだんとその先の第六感が目覚めてくるのです。例えば、匂いで自分に合う人、合わない人がわかったり、危険をいち早く察知できたりもします。舌では、子供の時から薄味で素材の旨味を味わうことができ、程よい味付けのおいしい食事をしていると、たとえ成長の途中で横道にそれそうになっても、ちゃんと戻ってくることができます。お母さんのおいしいご飯を忘れないからです。

そして徐々に五つの感覚が高まっていくと、その感覚の自分に合う仕事やチャンスやご縁も同時に引き寄せられていきます。感覚というものは本当に大事なものなのです。

熊野・熊野本宮大社跡地、大斎原（おおゆのはら）―明治22年にこの地が洪水になったために現在の本宮大社は高台に遷宮、3つの川の中州にある土地のため、土地自体がご神体となっている

## 女神のパワーをチャージする

私たちはもっと自然とのつながりを持つべきだと思うのです。

遠い昔、私たちの祖先は、普段の生活の中で日常的に自然と向き合わざるを得ませんでした。自分たちの命と自然が直結していて、共存していく必要があったのです。天候、地殻変動は、今よりももっと重要な関心事でした。そのため、普通の人でもかなり直感、第六感的なものが働いていたと思われます。

ことあるごとに自分の感覚を研ぎ澄ませて、例えば、雲や鳥や虫、動物、植物などから、自然界からのさまざまなメッセージを得ていたのだと思います。そして自然との調和を果たしたとき、人々が望む豊かさがもたらされたのです。

その反面、予期せぬ天候不良、地殻変動などによっては、生命に関わる場合も多く、人類の歴史はそれとの戦いであったとも言えるでしょう。そのために科学が発展していきました。現代では、私たちはその科学の恩恵にあずかり、元々持っていた人間本来の、それは動物的な本能とも言えるスピリチュアルな能力を退化させてしまっています。

その結果、行き過ぎた開発に走り、地球の自然環境を破壊するまでになり、危機的な状況を招いています。特に海は自浄作用を持っていますので、それが汚れるということは、かなり危険なことです。それでも人々は気づかずに、ひたすら自国の繁栄を求めて、開発、発展を競っていきます。

私たちが元来持っている能力……それをゆっくりとでも思い出すことで、きっと大切なこと……「幸せになるためには何が一番大切なのか」「自分は何をすれば幸せと感じるのか」「何のために生まれてきたのか」がわかる……思い出すことができるでしょう。

パワースポットめぐりは、私たちの本来持っている、素晴らしい能力に目覚めるための旅なのです。

ここ数年、パワースポットがブームになっています。今でもまだそれは続いていると思いますが、一時期よりは落ち着き、また定着もしてきていると感じます。物珍しくただそこに行ってみるというよりも、確実に効果のようなものを感じ、また行くだけで心が安らぐというように、多くの方が実感できるようになったのだと思います。

私は十年ほど前より、さまざまな情報を得ながら自分で地図とにらめっこして、インスピレーションと共に選び出したさまざまな場所を訪れています。

ここでは私が実際に行ってみて、読者の方にもきっとプラスになると感じたところをいくつかご紹介します。

### ☆パワースポットとは

読んで字のごとく、パワーのある場所、ということです。良い気を発しているところ、そこに行きお参りしたり、少し留まっていることで、何らかの運気を向上させるご利益を得ることのできる場所だといえます。ですが、私の思うパワースポットとは少し違います。

いわゆる有名な神社仏閣がそうだと思われていますが、確かにそれもありますが、実際そこに神様がいるかどうか、普通はわかりません。昔々に遡って、日本では最初から神社やお寺があったわけではなく、八百万の神々といって、自然の中に神が存在していると考えられていたのです。その自然とは、山や滝、大きな岩、いくつかの川が交差したところにある中洲、古い巨木など、そういったところに、昔の人々は神を感じて、そこに向かって祈っていたのです。何を祈ったかというと、五穀豊穣を祈願する、そのための雨乞い、または大雨を止めるためなどです。

現在よりはもっと人々と神様の距離は近かったと言えます。それで現代に生きる私たちがどこにパワースポットを求めるかというと、やはりそういった、古代から人々の信仰の対象となっていた場所、それが本物のパワースポットです。ですから、その地方地方にある山（百名山になっているような大きな山、もしくは地元で○○富士と呼ばれている山）などは、間違いなくパワースポットですので、登らなくても、そこの近くまで行ってみるだけでも、パワーはいただけます。

富士山など、遠くから眺めるだけでも、すがすがしい気持ちになりますよね。そういうものです。山はその昔から信仰の対象でしたし、修行のために登ったりしています。そういったところを探すのです。一番手軽に見つけられるのが、古木です。神社やお寺に行くと、見つけることができるでしょう。あとは自分との相性ですから、少し離れたところから見つめてみて、心が惹かれる感じ、側に行って手を触れたくなるような感じがしたら、その側に行ってみてください。

具体的に、今まで私が行って、「ここはすごくいい！」と感じたところを列挙しておきます。

①和歌山県―熊野、熊野本宮大社の大斎原《おおゆのはら》、那智の滝、高野山
②京都府―鞍馬山、鞍馬寺、貴船神社奥社、下賀茂神社、天橋立、元伊勢・眞名井神社
③青森県―奥入瀬渓流
④東京―西新井大師
⑤埼玉県―大宮氷川神社
⑥千葉県―玉前神社、香取神宮
⑦茨城県―鹿島神宮
⑧群馬県―榛名神社
⑨三重県―伊勢神宮
⑩広島県―厳島神社
⑪沖縄―斎場御嶽《せいふぁーうだき》

また、これらのパワースポットに行く前に、しなければならないことがあります。この地球からパワーを受け取るための準備のようなものです。それは氏神神社、産土神社参りです。

氏神様とは、今現在住んでいる場所を司る神社のことです。もしわからなければ、都道府県の神社庁に問い合わせてみてください。産土神社とは、あなたが生まれた時に両親が住んでいた土地の氏神様のことです。こちらもわからなければ、神社庁に住所を言って教えてもらってください。伊勢神宮にお参りする前に、こちらを済ませてから行くと、より効果的です。

### ☆エネルギーの受け取り方

パワースポットに行き、そこが神社であれば、はじめに本殿にお参りをしてください。その際、現世利益的なお願い事は控え、住所と名前を告げ、その地に参拝させていただいたことへの感謝、その地の末永い繁栄を心から祈ります。その後は境内にある木や花などがあれば、それを見たり、その場所に留まることが許されるなら少しの間そこで過ごします。空気感を感じるということを意識してみてください。

また、神社仏閣以外では、できるだけ人工物のない自然の中で過ごすこともお勧めです。ハイキングや軽い登山などもいいと思います。その際必ずしもゴールや頂上を目指さなくてもいいのです。ゆるく、その時の気分、状況に合わせて楽しむことが一番です。もしき

伊勢神宮・外宮の正宮前―豊受大御神を祀る
御饌都神（みけつかみ）とも呼ばれ、神々に奉る食物を司る

れいな小川が流れていたら、そこで少しの間留まり、手を水につけてみたり、場合によっては足もつけてみたり、ただ水の流れをぼんやり眺めてみたり、そういった感じで過ごしてみてください。要は、そこの自然のエネルギーと一体化することが肝心です。自然と溶け合うということは、宇宙とつながるということで、それはまた、自分の内側、神聖な部分とつながるということでもあるのです。

## 自分に合ったパワースポットを見つける

よく縁結びにはこの神社、商売繁盛はここ、子宝に恵まれるにはここ、などと自分の願い、目的のためにパワースポットに行くことが一般的な常識になっているようです。しかし私はこのように考えます。神様は辿っていくと一つですから、守り導いてくれていて、私たちに合った生き方を示唆してくれているのだから、どこに行っても良いのです。

例えば、ご縁を結ぶことやお仕事に恵まれることとかは、それが必要であるなら必ずそのように導き授けてくれるはずです。だから、自分の感覚と合う、そこに出向くと気持ちがスッキリする、何だか元気になる、というところであるなら、いつどこへ行っても良いのです。

また、日本の神様でしたら、たくさんの神々がおられますので、なんとなく気になる、そのお名前が好きだからという理由で、その神社に行かれても良いのです。もちろんお寺も同じです。京都が好きで、そのお寺のお庭がきれいだからという理由でもかまいません。

そして、できたらそこに何度も定期的にお参りし続けるのです。一年に一度、あるいは数年に一度というように、あまり期間をあけることなく参拝することが神と人間の関係を

長崎グラバー邸で休憩中に、空を見上げて見つけた巻層雲（虹のような雲）

近づけます。神様だって同じで、あなたがいろいろ願い事をしていって、それっきり知らんぷりであればどう思うでしょう。できる範囲で良いですから定期的に来て、現状をきちんと報告させていただく。それはきっと神様に通じると思うのです。

このような気持ちが人としてのあり方であり、人間関係にも活かされていく。そして信仰とは本来そういうものだと思うのです。

## 日本の女神としての自覚

「大和撫子《やまとなでしこ》」という言葉があります。日本女性の清楚な美しさをたたえる言葉です。可憐で繊細でも心は強いナデシコの花に見立てています。また、〝撫《な》でる〟という字があるとおり、「撫でるようにかわいがる」という意味もあるのでしょう。

スピリチュアルの世界では、「日本人の意識の目覚めと向上が世界の平和を担っている」という情報があり、近年、それを裏付けるように日本が世界各国から注目されています。

東日本大震災では、被災した多くの方々が、支給される物資を受け取るために、非常時であってもきちんと並んで自分の番を待つ姿に、世界中の人々の驚きと感動を呼びました。さまざまなユニークな文化や、細《こま》やかで使う側の立場に立って工夫された製品や、〝おもてなし〟の心などが注目されています。そういった日本人特有の細やかで温かい心配りが、地球という一つの家族という視点で見た時に、他国の人たちの心と心をつなぐ架け橋になれば、ステキなことだと思うのです。

山梨・北口本宮富士浅間大社―富士山の登山口にある神社、ご祭神は木花開耶姫命…安産・火防、富士山の女神とされる

そのためにも、一歩前に出て社会で働く男性を、自らも何らかの仕事、活動をし、子供を産み育てつつも、男性を支え、励ましていく日本女性の活躍が、ますます期待されていくと思います。

欧米の女性と比べると、小柄で華奢《きゃしゃ》な感じがしますが、その芯の強さを大切にして、世界中のたくさんの人々からかわいがられるような、そんな立ち位置の女神として生きていけたらと思います。

## 人を愛する喜びを知る

私たちは、愛をエネルギーとしてではなく、物質として見ているというところがあります。衣食住に困る生活をしていた時代は、子供たちに便利で不自由のない生活をさせてあげることで、親として子供を幸せにすることと思っていたからです。その代り、その愛の形は、親として子供にやってあげたことに多少なりとも見返りを求めることになります。

愛を物質として見ていることは、渡せるものには際限がありますから、頑張って精いっぱいやったことに「承認してほしい」「感謝をされたい」という気持ちがどうしても出てきます。

今や時代が変わり、多くの人が当たり前に豊かな生活ができるようになると、その次の、「抱きしめられる愛」「認められる愛」に、子供の望みは代わっていきました。

「もう十分にお腹は満たされたから、今度は抱きしめてよ」というものです。

この子供の望みは、親にとって「これだけやってあげているのに、まだ不満なのか」というように感じられ、なかなか理解されません。

そこで皆さんにお伝えしたいのは、愛をエネルギーとして見てください、ということです。愛は形あるものとして渡す物ではなく、心の底から無限に湧き出てくるものなので、相手の受容できる範囲に応じて際限なく渡すことができます。

そしてこれからの未来は、「抱きしめられる愛」の次の、「信じて見守る愛」「手放す愛」に移っていきます。自分の思う通りになってほしいというのではなく、その人のそのままを認めて、信じて行かせてあげるというものです。

これが、よりよく生きたいと願う私たちの求める「無条件の愛」「見返りを求めない愛」であり、そしてこれこそが、〝女神の愛〟なのです。

ここを目指してこれから私たちは生きていくのだと思います。それが達成できて、やっと本当の「人を愛する喜び」「人から愛される喜び」を知ることができるのです。

せっかく女性に生まれてきたのですから、女性性を輝かせ、母性の女神として生きていきましょう。そして周りの人と幸せになっていきましょう。

# おわりに

今、時代は大きく移り変わろうとしています。

ご相談者の悩みをうかがうにつれ、その内容から「新しい女性の時代の到来」を感じずにはいられません。古い常識に縛られていた日本の、家族の、夫婦の関係が新たな次元に移行しようとしています。

そう強く感じていた時、あるご縁で出版社の方からお話をいただきました。以前から私は、本を出すことに興味を持っていました。これまでも二度くらい出版のお話はあったのですが、時期ではなかったのでしょう、話はまとまりませんでした。

今回の出版について確かめたかった私は、天使と女神のオラクルカードを引いてみました。すると、それを強く後押しするようなカードが出ました。その中の一枚は、ポロッと偶然こぼれ落ちたものでした。それはもう、迷いを吹き飛ばすほどのものでした。

いつも皆さんにはブログでメッセージをお伝えしていますが、私にとって「本を書く」ことは、ブログを書く作業とはまったく違ったものでした。一冊分の原稿を書くことは、思ったよりたいへんで、途中で迷い苦しんだ時には、編集者の方からずいぶん叱咤激励をいただき感謝しております。

書くことはまた、あらためて自分自身を見直すことにもなり、自分は何を表現したいのか、何を伝えたいのかということを何度も何度も自分に問いかける作業でもありました。

そして、執筆が終盤に差しかかった頃、自分が書いている内容と、ご相談者様にお伝えしたいことがリンクすることが続きました。まるで、「今、書いていることでいいんだよ」と言われているかのような感覚になり、こうして支えられているということが、とてもありがたく、これも導きだと感じました。

この執筆に関わっていた数カ月は、ずっと自分に深く向き合っていた日々でした。誰にも相談せず、ずっとずっと自分に問いかけ、掘り起こしてみて出てきたことは、「女性としての私の人生はどんなものなのだろうか」ということでした。紆余曲折しながらもずっと誰かを、できるだけたくさんの人を愛そうと一生懸命だったと気づきました。

愛そうとしたから失敗もあり、幸せを感じる時もあったと思います。そんなたくさんの体験と共にこれからもまた、精いっぱい生きて、ある意味自分を実験台として手にした大切な情報をこれからも必要とする人たちに伝えていきたいと思っております。

このような経緯でき上がった本書が、みなさんがこれから〝女神として生きていく〟上での、バイブルのようなものになったらと心より願っています。

著者

**著者プロフィール**

**吉野聖子（よしのせいこ）**

個人セッション、講座などで多くのファンを持つ。研究テーマが、繊細な女性の生き方と能力開発、新しい時代の子供たちへの対応、複雑な人間関係の対応法、母と子の関係性、人生の質を高める方法など、現代を生きる女性のアドバイザーとして活躍。また高いヒーリング能力には定評がある。

特に「エンパス」と呼ばれる繊細な人と、新しい時代の「インディゴチルドレン」と呼ばれる若者に関して独自の見解、見識を持ち、全国から相談者が訪れている。また、ブログ「マザーヒーリング愛の泉」では人気ブロガーとしても活躍中。

ＨＰ　「マザーヒーリング愛の泉」
http://www.mother-healing.com/
ブログ「マザーヒーリング愛の泉」
http://ameblo.jp/moon-serenade-1101/

**女神《めがみ》として輝《かが》くための8章《しょう》**

2014年9月30日　初版第1刷発行
著　者　吉野聖子
発行者　加藤恭三
発行所　知道出版
〒101-0051 東京都千代田区神田神保町1-40 豊明ビル2F
TEL 03-5282-3185 FAX 03-5282-3186
http://www.chido.co.jp
印　刷　モリモト印刷


ISBN978-4-88664-265-3